U0018254

綠度母寶藏

Skillful Grace: Tara Practice for Our Times

伏藏大師秋吉・林巴之
度母心要與修持

本論◎秋吉・林巴（Chokgyur Lingpa）仁波切
總論◎祖古・烏金（Tulku Urgyen）仁波切
釋義◎楚喜・阿帝（Trülshik Adeu）仁波切

英譯◎艾瑞克・貝瑪・昆桑（Erik Pema Kunsang）
中譯◎楊書婷

在久遠劫前，有個世界稱為「無量光」(Myriad Lights；或「種光」，Multicolored Light)，有位佛陀稱為「鼓音王如來」(Drum Thunder)。那時的度母身為「智慧月」(Wisdom Moon)公主，在這位如來面前，初次發願要證得無上正覺。也是在此時，度母誓願要以女身利益一切眾生，直至輪迴盡空為止。

「綠度母」是一切度母的根本與基礎，也是最常見、最美麗的度母，她的右手持勝施印(Supreme giving，又名「與願印」)，左手於胸前結三寶施救印，在大拇指和無名指之間則有一株烏巴拉花莖，還有一朵盛開的蓮花綻放於耳際。她的右足伸展，以國王坐姿(右足踩踏蓮花，又名「大王遊戲姿」)安於蓮花座上。任何人向她祈願，她都迅速地回應，並且平息心的痛苦。

綠度母(Syamatara)，又稱「救八難度母」

(綠度母打籽繡唐卡 53×76cm，富及第會館陳宜達先生提供)

祈願文

（偈言）

請您合掌並說道：

【1】

聖尊度母與壇城，
無緣悲心垂視我。
加持令我諸祈願，
毫無障礙得圓滿。

【2】

願法弘揚且興盛！
願持法者安康和！
願其障礙皆消失！
願其法教修持盛！

【3】

疾病饑饉諍鬥離！
心之資財更增長！
正法之國度擴展！
願遠近國皆和諧！

祈願文

（白話文）

請您合掌並說道：

【1】

莊嚴而尊貴的女士（聖救度母）和您的眷屬，
以無緣悲心慈愛地看顧我。[1]
請加持我，令我所有的祈願，
都能無礙地達成。

【2】

祈願佛法的教言能傳揚並且興盛！
祈願持有法教的人生活得和諧又健康！
祈願他們所可能出現的障礙皆平息！
祈願他們的法教和修持都能昌榮！

【3】

祈願疾病和饑荒、爭鬥和衝突，全都遠去！
祈願心靈的富裕更進一步地增長！
祈願修持佛法者的王國能擴展！
祈願世界各國，無論遠近，都能祥和！

【4】
非時死與十六難，
惡夢凶兆皆遠離，
輪迴下三道諸苦，
以及今後諸危難！

【5】
壽福威力證悟增！
願惡意念不侵擾！
二菩提心任運生！
願依佛法成所求！

【6】
從今直至無上覺，
恆時護衛以慈愛，
猶如母護其獨子。
願吾等與您無二！

【4】

保護我們免於不適時的死亡和十六種威脅，
保護我們免於惡夢和凶兆，
保護我們免於輪迴下三道的苦難，
保護我們免於今日與往後的一切危難！

【5】

增益我們的生命、福德、能力、體驗和了悟！
祈願有害的想法不會闖入！
祈願兩種菩提心毫不費力地生起！
祈願我們依循佛法而圓成所求！

【6】

從現在開始直到證得無上正覺，
以您的慈愛永遠護衛我們，
就像母親保護她唯一的孩子那般。
祈願我們能與您無二無別！

度母續法的傳承法系

蓮花生大士（Padmasambhava）曾說度母的續法不可勝數。這些無量的度母續法、修持和法教的究竟來源，是普賢王佛母（Samantabhadri）這位女性法身。而她的化身之一即是度母。

以我們目前的時代，度母續法是由三位重要的伏藏師所傳承。第一位是十九世紀著名的大師蔣揚．欽哲．汪波（Jamyang Khyentse Wangpo, 1820-1892，第一世欽哲仁波切），他從西藏中部香地（Shang）雜布（Zabbu）山谷的聖地中取出了度母塑像。

第二位是和蔣揚．欽哲．汪波同時期的禪觀大師秋吉．林巴（Chokgyur Lingpa, 1829-1870，第一世秋林仁波切），在塑像重新找到後不久取出度母的心意伏藏，稱為《度母甚深精要》（*The Profound Essence of Tara*，藏 *Drölma Zabtik*，音譯「卓瑪．雜地」）。

第三位是蔣揚．欽哲．汪波將這個伏藏法教傳給他的密友和弟子蔣貢．康楚．羅卓．泰耶（Jamgön Kongtrul Lodrö Thaya, 1813-1899，第一世蔣貢仁波切），後者是由佛陀所親自授記的大師，他撰寫了許多極為精要且無比清晰的著作。

普賢王如來佛父（Samantabhadra）、佛母（Samantabhadri）

蓮花生大士（Padmasambhava）

秋吉・林巴（Chokgyur Lingpa，第一世秋林仁波切）

蔣揚・欽哲・汪波（Jamyang Khyentse Wangpo，第一世欽哲仁波切）

蔣貢・康楚・羅卓・泰耶（Jamgön Kongtrul Lodrö Thaye，第一世蔣貢仁波切）

目次

前言

幾年前，我們在中國的普陀山，也就是大悲觀世音菩薩的聖地，有機會領受到尊貴的阿帝（Adeu）仁波切所給予的開示。我們當時請求的是關於聖救度母的法教，這尊菩薩在西藏來說就等同於觀音菩薩。我們想要這麼做已經有多年了，而能夠在供奉度母的廟宇環繞之中，領受有關度母慈悲智慧的法教，看來是個吉祥的緣起。仁波切慷慨地給予了有關修持度母的完整證悟道修行法，這些內容全都收錄在此書當中。

我們所接受的指導，不僅令人有所啟發，並且對我的生活有著深刻的影響，因為不到一年之後，我就被迫要處理自己兄弟[1]車禍喪生的悲切失落。無常的真理從未如此立即而直接地來到面前，直到我們走到生命的關卡，被迫要面對生命那無實且無常本質的真相。這些關於度母慈悲智慧的珍貴法教，成為了我深切的庇護所在。遭遇到如此重大的生命體驗之後，我全心全意地思惟生命的空幻和無常的本質，並從世俗的追尋中覺醒。

我發現自己不斷地來回在仁波切的法教之間，特別是這句話：「**世界與眾生，聖殿與本尊，融入明空。**」在這個對於一切無常的洞察之中，有個大大的撫慰，這一切含括著本尊、我的兄弟、我自身、所有人，以及所有事物。

受到慈悲的溫暖擁抱，自我的堅固性開始鬆綁，我們從自我沉浸的恍惚中逐漸覺醒，了解到能夠經由修持而更熟練於上述這種實相。這是本尊修持或本尊瑜伽的一個重要功能。

當我慢慢看懂仁波切的指導，我知道本尊代表覺醒的狀態。聖救度母能喚起慈悲和智慧，這是心的真正自性。藉由修習，我們的凡俗感知逐漸受到轉化，我們因此變得輕鬆。若能以本尊清澈透明的自性為依證，那些障蔽我們真正自性的習性，將變得更為清澈透明。透過這個新的感知，我們變得較為聰慧、善良、慈悲，且更有能力。這位慈悲的菩薩有個特別的功德，即是能隨著眾生的所需，顯現任何對他們來說最好的身相，因而幫助難以計數的眾生。這種利益他人的意願，是聖救度母在我們心中所激發起的力量，以喚醒我們自己想要利益他人的慈悲動力。

一旦喚醒這個大願，它將使得協助眾生變得較為容易。有趣的是，當生起慈悲心時，我們腦中有個部分會變得活躍，這是在掌控動作行為的區塊，也就是行動驅策力的區塊。這是度母修持能協助我們，讓我們的生命更具意義的另一種方式。我們的心識流逐漸變得更習慣於利益他人，因此，慈悲也更加成為我們比較喜好選擇的作法。

當開始領悟到自己的自性毫無實質的智慧時，我們對於自他彼此分離的感覺就消融了。當喚起這較為寬廣的視野時，我們便了解到一切生命是如何地相互依存而彼此連結。當接觸到自己真正自性的光明覺性時，我們就能更加自發地為他人的安樂而行動。

這本關於度母且啟發人心的小書，其所提供的指引，猶如珍珠般稀有的智慧和珠寶般難得的慈悲，能讓我們融入自己的生活當中。就如同我的另一位上師，上一世的紐舒・堪（Nyoshul Khen，1999年圓寂）仁波切，他曾針對佛陀的法教而這樣說過：「**當你手中握有珠寶，可別把它浪費了。**」生命是珍貴的。

塔拉・班奈特─高曼（Tara Bennett-Goleman）[2]

序言

《三勝法的精要口訣》(*The Essential Instruction on the Threefold Excellence*)涵蓋三個不同的見地:聲聞乘(Theravada,又稱「上座部」)、大乘、金剛乘,它的特殊取向在於它結合或交織了這三個法乘,而成為一條緊密無縫的單一道路,讓人可以遵循。這篇簡短的伏藏本文,從如何面對個人生命的簡單方式開始說起,一直談到如何在一生之中證得真正而全然的證悟。

這個法教的第一層次是與生而為人有關。這意指我們要了解此生中有個難得的機會,而我們的行為的確有其重要性,因為行為會產生結果。書中告訴我們,要如何尋找能夠引領我們走向正途的真實靈修之道。

法教的第二個層次,提供我們如何減少並消融自私的方法。這包括對於以下的建言:如何真正幫助他人,並且獲得心的穩定(「止」)和洞察(「觀」)。在這個法教之中,「觀」為度母修持的核心所在,在此它稱為「出世智慧的究竟度母」(the ultimate Tara of transcendent knowledge,即「般若波羅密之究竟度母」)。

一旦有了「止」(shamatha)[1] 和「觀」(vipashyana)[2],這一般稱為「奢摩他」和「毘婆奢那」,身為修行者的我們就能進入第三個層次的金剛乘,並以金剛乘的善巧方便,迅速消融各種的串習和迷妄。修行者能依修持度母的儀軌法,而覺醒成佛。

蓮花生大士(Padmasambhava)曾說度母的續法不可勝數。這些無量的度母續法、修持和法教的究竟來源,是普賢王佛母（Samantabhadri）這位女性法身。金剛瑜伽女（Vajra Yogini）[3] 在化身的層次有無數的化現，其中之一即是度母，而金剛瑜伽女將度母續法傳布到無盡的世界中。

以我們目前的時代來說，近來這所有的度母續法已被濃縮為三個層次。首先為詳盡的版本，具有驚人數量的法教和儀軌，原本該是由十九世紀著名的大師蔣揚・欽哲・汪波（Jamyang Khyentse Wangpo, 1820-1892，第一世欽哲仁波切）所取藏。不幸的是，由於缺乏吉祥的緣起，他從未寫下這些教言。他只取出了度母塑像，這是他從西藏中部香地（Shang）雜布（Zabbu）山谷的聖地中重新找到的，並且帶回了康地（Kham）[4]。

中長版本的教言，是由和蔣揚・欽哲・汪波同時期的禪觀大師秋吉・林巴（Chokgyur Lingpa, 1829-1870，第一世秋林仁波切）隨後不久便取出，稱為《度母甚深精要》（*The Profound Essence of Tara*，藏 Drölma Zabtik，音譯「卓瑪・雜地」）。這個伏藏有幾個修持的層次：外在的、內在的、深密的。最有名的則是它的四曼達儀軌，全世界有數百個佛法中心都廣為修持。

接著，便是這個極短的教言，也就是本書的核心所在，即為人所熟知的《三勝法的精要口訣》。此法源自於普賢王佛母、金剛瑜伽女、度母、蓮花生大士和其佛母的加持。當秋吉・林巴於淨見（vision）中看到度母之時，她說道：「Lekso, lekso, lekso」（藏文音譯「拉索，拉索，拉索」），意思是「勝哉，勝哉，勝哉」（Excellent, excellent, excellent）。基於這個緣起，秋吉・林巴心中出現了這個甚深的佛法伏藏，也就是這本書核心所在的法教意義。(5)

過了一段時間之後，蔣揚・欽哲・汪波將這個伏藏法教傳給他的密友和弟子蔣貢・康楚・羅卓・泰耶(Jamgön Kongtrul Lodrö Thaye, 1813-1899,第一世蔣貢仁波切),後者是由佛陀所親自授記的大師,他撰寫了許多極為精要且無比清晰的著作。

在本書中我們所呈現的伏藏本文,有兩份開示,一者為偉大的近代大圓滿上師祖古・烏金(Tulku Urgyen, 1920-1996)仁波切所說的精髓教言,一者為囊謙(Nangchen)[6]的楚喜・阿帝(Trüshik Adeu)仁波切所給予的較長而非常實用的指導。

我覺得我們極為有福,能有這兩位近代的欽哲、康楚、秋林三傳承持有者,對於這個伏藏本文給予口授的開示。能將他們的智慧與讀者們分享,是極大的喜悅。我希望大家都能領受聖救度母的灌頂和開示,並因此接受她的加持,且讓這些加持深入你的生命,充滿在所有與你相關的人之中。

艾瑞克・貝瑪・昆桑(Erik Pema Kunsang)
2006年於納吉・貢巴(Nagi Gompa)閉關房

導論

度母以女身度化一切眾生

對許多修行人來說，度母有著啟發人心的樣貌。她總集了女性最受人矚目而重要的特質：曼妙、優雅，以及養育、照顧和保護的能力。除此之外，度母也是一位真正的勇者，能擊敗恐懼和無明。我們還可以說，她是佛教中的女性主義先驅。

在《維摩詰經》（*Vimalakirti Nirdesha Sutra*）裡，我們可看到以下這段有關度母的話語：

無男亦無女，無我、無人亦無類，男、女之名皆假稱，世間邪見妄所生。

（於此生命之中，並無所謂「男性」和「女性」、「自我本體」、「個人」的區別，也沒有任何這類的感知。因此，執著「男性」和「女性」的想法，實在毫無價值，心智虛弱的凡俗眾生一直受到這點所迷惑。）[1]

然而，經文的後段紀錄了度母的發願：

從來，願以男身修行佛道者眾，願以女身利益眾生者稀。故而我今發願，直至輪迴盡空，皆以女身度化一切眾生。

（許多人希望以男性的身相證得正覺，但是很少會希望為利益有情眾生而現身為女性。因此，願我以女性的身相，利益眾生直至輪迴盡空。）

正如鳥金・多傑（Orgyen Tobgyal）仁波切的說明：

度母的不屈不撓是無邊無際的。釋迦牟尼佛發願要在人的壽命減損到一百年的時期，於人間示現正等正覺。相較於其他諸佛，他的願力被視為是無可比擬的。當釋迦牟尼佛本身在教導度母的經文或續法時則提到，在所有其他的佛陀之中，文殊菩薩和度母是具有極大願力的兩位菩薩。度母猶如三世諸佛之母的化身，她進行著所有的佛行事業，並驅除八種或十六種恐懼所生起的障礙[2]。最重要的是，她發願化現女身，直到輪迴的一切盡空。任何人向她祈願，她都迅速地回應。由她願力所顯的各種事業都是非凡殊勝的，並有大量相關的見證，直到今日都還出現。

無論是否為佛教徒，都尊敬聖救度母。有關度母儀軌修持的傳承不在少數，不僅出現在經文中，續法中也可見到。從事部到無上瑜伽部的四大續部，都有自己特別的度母修持。

想要以修持度母來利益眾生並證得了悟的修行者，需要存有這種願力並運用它。我們不僅能達到個人的證悟果位，也可幫助生病者，護衛恐懼者，並且平息心的痛苦，而這是一段英勇的旅程。

依止度母，利益自他

平常人都不會質疑一般所接受的現實樣貌，他們遵照標準的價值觀，征服敵人並珍愛親友、家人；物質主義、野心企圖、世俗成就等，都是世俗所認為的成功標章。我們將現象世界和個人的心，都視為堅固而真實存在，很少有人懷疑這些推論，也很少有人質疑這些推論的正確性。然而，「不相信」的過程，卻是踏上修行之道的第一步。

大多數人都是從某個不滿足之處而來尋求法教，在我們的經驗之下，潛在著一個細微的、無法明確指出的不安，因為對事物應該如何看待的普遍態度，我們尚未全然信服。取而代之的，我們正在尋找能重新指引自己的能量，並重新評估自己生活的不同標準。我們看到這麼多不同層次和種類的痛苦，包括身體和心理兩者，而我們希望能以某種方式清除這種無所不在的極度苦惱，以及自己的不適。

要是我們夠幸運，一路依循這些感覺到底，我們將會遇見一位真正的上師，以及修持的規範，這些包括真正的自我檢視、禪修和其他的善巧修持，它們能驅除負面習性的模式，並幫助正面生活的成長。

帶著開放的心，以及想尋找替代答案的意願，這表示我們移向了正確的方向。我們應該藉由閱讀相關修持的歷史和理論，以提升這種態度。接著，則要仔細探究這些法教的不同層面，以便決定自己要專修的特定道路。最終，為了要得到成果，我們當然需要直接從事這些修持。

儘管我們此時此刻想要有能力幫助他人，但修持的成果卻有可能難以出現，而令人感到難受。若能將我們的注意力轉向那些身處困境的人們，並在修持時想到他們，這會有幫助的效果。我們無須等到自己全然成就之時才這麼做，無論我們處於修道上的哪個階段，都能幫助不幸的人，譬如可將度母作為我們的依止所在(3)。吉噶．康楚（Dzigar Kongtrül）仁波切[4]曾說：「**特定來說，**

在你的觀想中與另外的人一起皈依，你能因此廣大無邊地利益他人。」想像一下，我們若能全然體現度母的功德，或甚至只有這些的一點點，便能有多少的成就。當我們在修持本書所闡釋的《卓瑪・雜地》(《度母甚深精要》)[5]這廣納的度母法本時，我們即可在自己心中的壇城裡，放入不快樂或生病中的人，並給予他們治療的願力。這些加持會是兩個層面的，包括利益對方和自己。

在尼泊爾，每一間寺院或尼院都有自己特有的法門，並因此成為特有的「品牌」一般。若是某位功德主需要進行特定的法會，例如除障或增福，就會有人告訴他該到哪裡去才對。祖古・烏金仁波切的尼院稱為「納吉・貢巴」(Nagi Gompa)，便是以度母修持的威力著稱。尼院總是有一長串的人們在排隊，請求尼師們持誦度母法本 。我不知道是因為祖古・烏金仁波切的加持所致，還是由於長期修持度母的加持所致，但是那裡的尼師生活算是適切的。當然那並不是個完美的地方，仍有常見而不嚴重的事情發生，但並無太多的問題。大多數的尼師都屬健康、長壽，並且致力修持佛法而少有困境。

本尊的功德即是自己基本佛性的功德

本尊修持，猶如在暗巷中得到亮光的指引，這是透過我們自己的靈感和連結，而能開放、吸收每位本尊的精髓，藉著運用金剛乘的善巧方便，我們能達到了悟。在試著要成就某位本尊時，我們應該一直記得：每位本尊的功德，即是我們自己基本佛性的功德，且是這些功德的全然顯現。

楚喜・阿帝仁波切給予了如下的教導，一開始是這段名言的解釋：

即使法身的廣空中並無分別，但色身中仍有區分，猶如出現在天空的個別彩虹一般。同樣地，在諸佛法身的廣空中，並無差異等等之類的情況，然而，諸佛以不同的方式出現，是因為有情眾生的習性多樣之故。廣空的智慧心在一切諸佛來說是等同的，由於是從這廣闊的智慧心而來，諸佛便顯現多樣的身相，以利益具有個別傾向和性情的眾生。

相應於眾生個別的需要，可以有許多、許多不同的方式來影響他們。這就相應於身、語、意、功德、事業的無盡莊嚴輪，由此顯現為無量且多樣的方式。以證悟事業來說，諸佛如度母和普巴金剛（Vajrakilaya）[6]，他們示現並進行一切的佛行事業，包括驅散障礙、消除恐懼，並提供有情眾生的一切所需、所願、所求。佛陀們以特定的身相顯現，以圓滿這些不同的意向，這是你之所以會發現度母和普巴金剛等特定化現的原因。這是一般的原則。

當你回頭看看度母的起源時，遠在她得到證悟而化顯之前，她單純就是某個發起特定決心、無量宏願，想要以女身利益有情眾生的人。除此之外，由那一刻起直至她成就正覺之前，於接下來的每一次轉生之中，她都發願要生為女性。即使經常聽到人們說，無法以女身證悟成佛，她仍然想要證明這並非男身獨享的特權。你可以在偉大的西藏大師多羅那他（Taranatha）[7]所寫的《詳說度母》（*Extensive Explanation of Tara*）中，看到這段度母過去生的故事，這本書實際上是度母和其過去生的傳記。

度母的獨特功德，即是她極為殊勝而慈悲的願心，要為一切眾生除去所有造成他們焦慮或害怕的原因，並驅散八種或十六種恐懼。關於這點，可用兩種觀點來解讀。其中一個觀點是，度母為修道上的修行者，先是生起了究竟無上的菩提心，接著在道上繼續前進，最後證得佛果。另外一個觀點則是，觀世音菩薩的眼淚化成了度母。那要如何調和這兩個說法呢？這端看聽聞這個教導的人是屬於哪種根器能力。對於一般人來說，所呈現的觀點便如個人一般，是在道上逐步進展。然而，真正的觀點是，在奧明淨土（Akanishtha，又稱「色究竟天」），一切諸佛證得正覺，其後他們化身在凡俗眾生的世界中，顯現為成就正覺的樣貌。實際上，這兩種版本的故事之間，並沒有真正的衝突。依照法教的不同層次，關於釋迦牟尼佛如何成就正覺，也有幾種相異的版本。類似如此，一個是相對的觀點——你或許可說是淺顯的版本，而第二種則是究竟的、真正的觀點。[8]

儘管我們之中的女性或許想要把度母納入女性陣營，並為女性多拿一票，但是這麼一做，就表示我們對於事情的真相缺乏真正的了解。以下引述祖古・烏金仁波切的話語：

證悟的本質處處可見，它充滿在輪迴和涅槃的一切之中，且也毫無例外地出現在所有的有情眾生之中。當我們經驗到自己的證悟本質，並將其運用在修行中，我們便達到正覺。證悟的狀態在男性和女性之間，並無任何差異。[9]

祖古・烏金仁波切接著說道：

你可以瀏覽這整個世界上的每樣單一事物，仍然無法找到任何能比顯示你如何認清自心本性更為無上的指導。這是所有過去諸佛所曾走過的道路，任何在此刻覺醒的人，都是依循這條道路；所有未來諸佛，也都會依循這條道路而覺醒。這（道路）也被稱為「偉大的法身佛母」——般若波羅密多（Prajñaparamita），這不是某種字面上的老女士，這位偉大的法身佛母是無有侷限的覺空之力。般若波羅密多佛母的見地，以及大中觀（Great Middle Way）、大手印（Mahamudra）、大圓滿（Dzogchen）等，都是離於概念的見地。當下的覺醒，是離於概念的。[10]

超言離詮般若智（般若智慧乃超越念頭、文字語言和描述），
不生不滅如虛空（它既不生也不滅，猶如虛空之本體），
妙觀察智所行境（其乃個人自知覺性之範疇），
三世佛母尊前禮（我對此三世諸佛之母頂禮）。

既然般若智慧是在個人了知覺性的範疇之內，任何人都能明瞭。此處的「範疇」（domain）意指它是可被認清的。被認清的並非是能用思考、描述，或以範例闡明的某物。這個「了知」的本身即是三世諸佛的母親——「般若波羅密多」或「大佛母」，其覺受特質為佛父，其空性特質則為佛母。佛父、佛母之雙運則是本初佛普賢王如來和其佛母，普賢王如來又稱為「不變之光」（Changeless Light）。[11]

究竟的法是對本空和覺性其無二無別的了悟，這是起點，也

是教言所指要開始之處。了解這點是核心所在；否則，我們或許會覺得普賢王佛父、佛母是存在於數劫以前的藍色老男女。完全不是這樣的！普賢王佛父、佛母乃是虛空和覺性的無二雙運，[12]或空性和了知的無別雙運。普賢王佛父、佛母並不受制於男、女這類的概念。[13]

在本尊修持的背後，有著無量深奧的理論。[14]成就本尊的方式，就是結合認清自心本質和本尊修持。基本上，我們修持本尊法，以便清除讓我們無法安住於本然狀態的遮障。由於我們正在修道上，就此而言，我們就是處於迷妄的狀態下。為了清除迷妄的感知，我們運用各種不同的修心法門，來淨除遮障並積聚福德資糧，這些方法包括觀想、持誦和禪修。

本書的構想與作法

對於不同的度母修持，有著許多的闡釋。然而，《三勝法的精要口訣》其殊勝之處，在於它以度母為依止處而涵蓋整個修道，《善巧的莊嚴》（*Skillful Grace*）即是對此豐富傳承的見證。本書分為三個主要段落，首先是這個法系的伏藏（terma）本文，亦即《三勝法的精要口訣》，它是來自秋吉．林巴取出的心意伏藏[15]《度母甚深精要》；其次是祖古．烏金仁波切對伏藏本文的論釋；最後是阿帝仁波切的釋義，並融合了蔣貢．康楚仁波切對此伏藏本文的論釋。[16]為了使本書看來較非學術性質，且讓修行者便於實用，我們決定改述蔣貢．康楚仁波切的論釋，而將其穿插在阿帝仁波切的教導之中。

當我們對本書所呈現的資料一一加以編譯之時，我們注意到這兩位上師在論釋中顯示出有趣的不同教學風格。

阿帝仁波切曾說過要如何對兩種不同的人指出心性，而這段陳述和本書所呈顯的內涵非常接近：

禪修口訣的傳授必須要由有經驗的人來指導，這個人應具備真實傳承的加持，也清楚學生個人的能力。需要的是某個所謂能為學生「把脈」的人，也就是能斷定該學生需要什麼才會有所進展的人。每位學生都必須依據其個別能力而受到指導，且都需要一位能圓滿其個別需求的老師。沒有人是一樣的，每個人之間有著極大的差異，因此，必須採納針對個人的指導。

廣義來說，有漸悟型和頓悟型兩種不同的人，每種都需要給予不同的指出心性之教導，漸悟型的人需要逐步漸深的禪修指導，頓悟型的人則可直接且立即地指出心性。事實上，「必須」這麼做才行。若是對心性不夠敏銳的人給予瞬間即興型的指示，他會完全摸不著邊際；另一方面，對於突發奇想型的人只給予逐步漸次的指示，他們會無法滿足。對他們來說，這並非善巧的方式，教導也不會一拍即合。容我改述這句話：「對於頓悟型的人來說，逐步漸次的指示並不合適；對於漸悟型的人來說，瞬間即興型的教導也不合適。」

因此，具格的禪修上師對於漸悟型的人要給予逐步漸次的指示，對於頓悟型的人要給予較為直接的指示，這是多麼重要！唯有具格的上師能明確知道特定個人的需要。

上述兩種不同的取向，從兩位上師的教導中便可看到例示。

祖古・烏金仁波切呈現了直接的法門，而楚喜・阿帝仁波切則呈現漸次的方式。若我們兩者都加以學習，便能得到如何運用這些指導的全貌。

每本書都有自己的生命力和能量，並於整個工作進程中一一表露。在我們編譯此書的過程中，明顯可見這些開示的優雅美妙、可親易讀和簡單實用。無論我們在道上的哪個地方，這些教言都能提供令人耳目一新的指導。由衷地感謝每位參與本書編譯的朋友：繕寫者伊麗莎白（Elizabeth）；繕稿編輯麥可・推德（Michael Tweed）；前言作者塔拉・班奈特—高曼（Tara Bennett-Goleman）；潤稿編輯凱莉・莫仁（Kerry Moran），排版者喬安・歐爾森（Joan Olson）；審閱者克莉斯汀・丹尼爾斯博士（Christine Daniels），以及美編塞克・比爾（Zack Beer）。最後，若是沒有吉爾基金會（Gere Foundation）的李察・吉爾（Richard Gere），和他那位從不急躁的專業執行長鮑伯・凱爾提（Bob Kelty）的長期支持，這本書或許就無法誕生。

願我們能以聖救度母的了悟、布施和慈悲為榜樣，以及祖古・烏金仁波切和楚喜・阿帝仁波切為模範。更甚者，願我們在此生，便能達到依循最勝珍寶菩提心來利益眾生的成就。

瑪西亞・賓德・舒密特（Marcia Binder Schmidt）

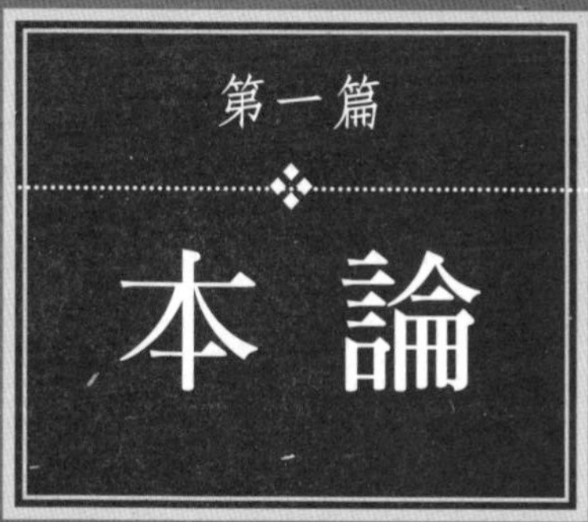

第一篇 本論

三勝法的精要口訣

The Essential Instruction on the Threefold Excellence

源自《度母甚深精要》(Drölma Zabtik，音譯「卓瑪．雜地」)心意伏藏

秋吉．林巴(Chokgyur Lingpa)取藏

偈言

【1】

頂禮聖度母蓮足。
此為度母修次第，
三勝法門之口訣。
勝哉、勝哉復勝哉——
無毀金剛那達續，
無詮詮言之遍基，
應被調眾願顯現。

【2】

初勝精要義，總攝
人、天、聲聞、緣覺乘：
圓滿淨信與出離——
初善入道基礎訣。

【3】

次勝大乘精要義：
大慈、大悲為根基，
圓滿無上決心生，
中善正行修教言。

白話文

【1】

我於聖度母足前（向她）頂禮。
這是有關度母修法的逐步要訣，
對於三支非凡法門的口授指示。
勝哉，勝哉，勝哉——
這不可摧毀的金剛那達（nada）[1]續法，
這一切表顯之無法表達的基礎，
為了回應那些有待調伏者的祈願而化現。

【2】

第一支勝法，擷取自
天、人、聲聞和緣覺的法乘精要：
圓滿的信心和出離——
這初始的善法是入道基礎的指示。

【3】

第二支勝法則是大乘的精華心要：
基於慈愛和悲心，
圓滿而無上的決心因而生起，
這中段的善法是主要修持的指示。

【4】

末勝密咒精要義：
依生起、圓滿次第，
圓滿智慧於是生，
末善結行修教言。

【5】

如理如法修此故，
受灌且習精要訣，
極淨三昧耶、誓戒，
於寂靜處棄俗行。

【6】

身直且排除濁氣，
謹慎小心以觀照，
觀想上師為度母。
專一祈願生虔敬，
融合二心穩安住。

【4】

最後之勝法為密咒乘的精華心要：
基於生起次第和圓滿次第，
圓滿的智慧因而生起，
最末的善法是對總結修持的指示。

【5】

為了適切地修持以上法門，
要獲得灌頂，並學習關鍵的指示，
且伴隨全然清淨的三昧耶和誓戒，
在一個僻靜之處，捨棄所有的活動。

【6】

挺直身體，並排出沉滯的濁氣，
謹慎小心地修持正念（觀照），
並且觀想你的上師就是度母尊。
專心一志地祈願，並生起虔敬心。
將你的心和度母的心相融，並穩固地安住。

【7】

其次，修行漸次第，
思暇滿難得易失，
以及三惡道諸苦。
相信無誤業果律，
一心皈依度母尊，
皈處總集，且守戒。

【8】

三善道亦不離於
變易與業行之苦。
故當以強烈出離，
視此三界為火坑，
追求遵循解脫道。
此為前行次第訣。

【9】

一切痛苦輪迴眾，
皆為吾人慈愛母。
故當受慈悲所趨，
獻吾樂、善予諸眾，
取眾苦、苦因入己。
今生母親為首先，
以大千眾修汝心。

【7】

接著，對於修持的階段，
要思索八自由（有暇）和十富足（圓滿），
是如此地難得且容易失去，
以及輪迴下三道的痛苦。
相信業果不爽的法則，
專心一志地皈依於度母尊，
她是一切皈依聖眾的總集，並且持守戒律。

【8】

輪迴上三道也不過是
只有變易之苦（壞苦）和業行之苦（行苦）而已。
因此，要以視三界為火坑般的強烈出離，
而追求解脫之道。
這是對預備階段的指示。

【9】

所有在輪迴中受苦的眾生，
都是我慈愛的母親。
因此，對他們各個生起慈愛和悲心，
我要將我的快樂和美好都獻予他人，
並將他們的痛苦和苦因都取來給自身。
從你今生的母親開始，
以全宇宙所有眾生為對象，而修持你的心。

【10】

為使眾生得快樂，
驅除眾苦與苦因，
以此圓滿無上願，
生起勝願菩提心，
修行六度波羅密。

【11】

尤要直身除濁氣。
專注面前虛空內，
度母無別汝上師。
觀想度母且放光。

【12】

若昏沉觀其額內，
平觀心而躁觀臍。
毫不動搖而持心，
心、眼、氣息合於一。
最終度母融汝身。

【13】

三時憶念追尋斷，
安住無緣本然境。
身心調柔靜慮成，
稱為靜慮波羅密。

【10】

為了讓他們得到快樂，
也為了驅除他們的痛苦和苦因，
要以圓滿無上的意願，
生起大願的菩提心，
並修習六波羅密之道。

【11】

特別是要挺直身體，排除濁氣。
你的專注點為面前虛空中的度母身相，
她與你的上師無二無別。
觀想度母，並且由她身上散放光芒。

【12】

昏沉時，把心保持於度母前額的某處，
心平穩時便定於她的心間，躁動時則於她的臍部。
透過毫不動搖的專注，
專心一志地專注你的心、眼睛和呼吸。
最後，度母融入於你。

【13】

斷除對（過去、現在、未來）三時念頭的追尋，
安住於沒有對境的本然相續之中。
身和心都已變得柔和，「止」已然達成。
這就稱為「靜慮波羅密」。

【14】

於此境中諸顯相——
外、內、世界與眾生，
僅為如夢自感知。
直視能感知之心，
如雲難解無蹤跡。
仔細探究心自性，
彼性非多究竟空，
彼性非一明晰覺。
離念無分別境中，
了悟止觀雙運定——
究竟度母：般若母。
此為正行修道訣。

【15】

已然明瞭諸法空，
無生自在覺中修，
此為生起次第法。

【16】

外積聚資糧次第，
內降加持成就雨。
淨自身；修甚深道，
虔修上師相應法、
供養曼達並祈願，
領受四灌融二心。

【14】

在這個狀態之內，一切的顯現——
外在的和內在的、世界和眾生，
不過是個人的感知，猶如作夢一般。
往內審視能夠感知的心，
它難以理解又無影無蹤，猶如天空的雲。
當你詳加探究自心本性，
它並無許多部分，而是徹底的空，
它並非為單一者，而是清楚的覺醒。
在這個超越概念的無分別境界，
了悟「止」和「觀」合一的三摩地[2]——
究竟的度母尊者：般若波羅密多佛母。
這是對修道之主要法門的指示。

【15】

領會了一切現象皆為空性之後，
在那無生而無所束縛的感知中觀修，
這是生起次第的修持。

【16】

外在，用能積聚資糧的方法，
內在，則以雨降加持的成就。
清淨你的整體；而為了特別深密的修道，
則要觀修虔敬的上師相應法、
曼達供養法以及祈願，
領受四個灌頂並相融（師徒）兩者的心。

【17】

其後，為能達大成，
三三摩地無別顯，
觀所依、能依壇城；
身相顯明佛慢堅，
憶念清淨成明觀。

【18】

圓滿成辦此明晰，
能止凡俗覺受執，
以關鍵之身要點，
專注觀心內明境。
若嫻熟則不取捨，
安本心續離收散。

【19】

若有些微覺醒現，
和合氣中持寶瓶，
以金剛誦修氣脈。

【17】

接著，為了達至大成就，
作為不可分的三個三摩地之表顯，
觀想所依止者和能依止者的壇城；
經由尊身的明顯和堅定的佛慢，
以及清淨憶念，達成清楚的觀想。

【18】

藉由完全精通於如此的清明性，
則能停止對於凡俗覺受的執取，
運用身體姿勢的關鍵要點，
並專心於心中的明耀境域。
對此嫻熟之後，不納受也不拒斥，
不外放也不收攝，安住本初心要相續中。

【19】

當些微程度的覺醒性如晨曦初升，
便用和合氣（union-breath）來持寶瓶氣，
藉金剛持誦來修練氣脈（wind-path）。

【20】

一旦脈氣調柔順，
具格印侶為觸用，
點燃大貪之火焰，
大樂降、持、提、滿、散，
廣大明覺相續住。

【21】

為求增益修拙火，
心中「TAM」（當母）字放「OM」（嗡）光，
情器要髓藉此法，
由「HUNG」（吽）聚集且收攝。
專心於不壞明點，
風息修持以穩固。

【22】

後得剎那自生覺，
引入離念本空中。
藉由譬喻智為例，
了悟俱生真實智，
修得金剛度母位，
不變三要即身成。

【23】

此為無上殊勝道
結行修持次第訣。

【20】

若是脈（channel）和氣（wind）都變得柔順，
便以具資格的修依手印母（mudra，古譯「明妃」）之觸用，
以燃起大貪（great passion）之火焰，
讓大樂（覺受）下降、保持、轉動、充滿，並且遍布，
安住在這個大覺性的相續之中。

【21】

以拙火修持作為提升的法門，
從心中的「TAM」（當母）字放出「OM」（嗡）字的光，
宇宙和眾生的精髓藉由這個方式，
經由「HUNG」（吽）字而被聚集，接著收攝。
把心專注於這個不受毀壞的明點（bindu），
並且運用特殊的呼吸修持法來使它穩定。

【22】

將那自生覺性的剎那，
引入超越概念心的根本虛空之中。
以「譬喻智慧」（example wisdom）為闡明的範例，
來了悟真正的俱生智慧，
而你便在此生之中，
成就具有不變三精要的金剛度母位。

【23】

這是對無上修道
結行部分的逐步指示。

SAMAYA（三昧耶）。封印，封印，封印。
DATHIM（達聽）[3]。

如是，因受度母尊加持，秋吉．林巴撰此文，
源自了悟之心意伏藏。ATIGUHYA（阿底古亞）[4]。

第二篇

總論

三勝法的總論

An Overview of the Threefold Excellence

祖古・烏金（Tulku Urgyen）仁波切

《三勝法的精要口訣》(*The Essential Instruction on the Threefold Excellence*)來自一個伏藏本文。在包括山、岩、地和智慧心意等各類不同的伏藏之中，這個伏藏本文是由秋吉・林巴所取出的心意伏藏。秋吉・林巴曾到一處蓮花生大士埋藏聖救度母伏藏的地方，並在該處淨見到度母，她說道：「Lekso, lekso, lekso」，意思是「勝哉，勝哉，勝哉」。我將在此解釋這個伏藏本文。

三勝法的總論

【《三勝法的精要口訣》第 1–4 段】

這個伏藏本文的第一段偈頌說道：「**無毀金剛那達續**」(這不可摧毀的金剛那達續法)，證實這些言語並非是凡俗、二元分別所造出的聲音。「**無詮詮言之遍基**」(這一切表顯之無法表達的基礎)是無生自性的聲音，源自於不受制約的智慧氣(wisdom wind，智風)之語。這個法教並非經由世間的、概念的言語所造作而出，它是「**應被調眾願顯現**」(為了回應那些有待調伏者的祈願而化現)，它的出現是要圓滿那些尚待度化之弟子的願望。

「**初勝精要義，總攝人、天、聲聞、緣覺乘**」(第一支勝法，擷取自天、人、聲聞和緣覺的法乘精要)，這個法教的第一個殊勝之處，是關於清淨的信心和出離，這是我們必須開始的善德。「**初善入道基礎訣**」(這初始的善法是入道基礎的指示)，這是對於能開啟修道善德之開端的指示，包括淨除遮障和積聚資糧。

第二支勝法涵蓋大乘的法教，於此，「**大慈、大悲為根基**」(基於慈愛和悲心)，我們生起清淨而無上的意願。這是中段的善德，包括對於主要修持部分，即珍貴的證悟心、相對和究竟菩提心的修學所給予的指示，以及對於「止」和「觀」所給予的指示。

第三支勝法是關於金剛乘的法教，經部和續部兩者都含納其中，因此一切都完備。第三支勝法為金剛乘的精要，包括生起次第和圓滿次第。這稱為「末善的指示」，或稱為「隨後（subsequent）修持的指示」，大圓滿的修習也包含在內。藉由修持空覺不二（虛空和覺性的無分別性），亦即「本覺道」（the path of rigpa），你便成就金剛度母（Vajra Tara）。

這個「三勝法」的指示，含攝了成就圓滿正覺所需的一切修持，包括外在的、內在的、祕密的修持。它是聲聞乘、大乘、金剛乘三乘的總集，這個指示包括了一切的九乘[1]，毫無遺漏，它是全然完備的。

如理如法修此故（為了適切地修持以上法門），
受灌且習精要訣（要獲得灌頂，並學習關鍵的指示），
極淨三昧耶、誓戒（且伴隨全然清淨的三昧耶和誓戒），
於寂靜處棄俗行（在一個僻靜之處，捨棄所有的活動）。

對預備前行和第一支勝法的指示

【《三勝法的精要口訣》第 5-8 段】

依照特定的呼氣技巧來修持正念（觀照）。這意指著身體應該保持在禪修坐墊上，心應該維繫在身上，同時保持在放鬆的狀態。

於禪修坐墊上就座，觀想你的上師，其身相為聖救度母。一

心虔誠地向她祈願，生起強烈而熱切的誠心。於此之後，將你的心和度母的心兩者相融，穩定地安住。上師的心和你自己的心合而為一。

接著是「四思量」(又稱「四轉念」、「四共加行」)，首先是思惟擁有這個具「十圓滿」和「八有暇」難得的珍貴人身，上述兩者是極難達到的，即使我們短暫地得到它們，也因無常之故而容易毀壞。同時，要憶念輪迴下三道的痛苦，並深信那絕無失誤的業力法則。

其次是皈依。聖救度母是一切皈依聖眾的總集，因此要一心皈依且持守戒律，堅毅修學。要憶念輪迴上三道皆有變易之苦(壞苦)，以及無所不在的業行(karmic formation)之苦(行苦)。至於輪迴的下三道，則具有所有的輪迴過患，而且猶如火坑一般。知道這一點之後，要生起出離並了解輪迴是無意義的，思惟整個的輪迴是如何地沒有真實的喜悅，其自性不過是永恆的苦。「出離」意指由內心了知這受制約之存在是無用的，在輪迴中沒有可追求的重要事物，若不努力行於解脫之道，便是虛擲人生。

這是對預備前行和第一支勝法的指示。

對第二支勝法的指示

【《三勝法的精要口訣》第 9–10 段】

「**一切痛苦輪迴眾**」(所有在輪迴中受苦的眾生)，在此，「痛苦」是指在輪迴中沒有任何事物是安定或恆常的，也沒有任何事物能超越這存在之苦。在輪迴中的一切眾生，沒有一個不曾是你自己慈愛的母親。因此，帶著對我們所有如母的有情眾生的慈愛和悲心，「**獻吾樂、善予諸眾**」（我要將我的快樂和美好都獻予他人），「**取眾苦、苦因入己**」（並將他們的痛苦和苦因都取來給自身）；這個修持稱為「自他交換」（tonglen），意思是「施予和納受」。順著氣息的吸入，我們把所有如母有情眾生的痛苦都納受入自身；順著氣息的呼出，我們將自己的快樂和自在都轉送他人，協助撫平他們的苦痛並清除其痛苦之因。

生起悲心的方法如下：想像自己的身體受到綑綁，嘴巴也遭塞住，而今生的母親被拖扯到你面前。你無助地看著她的身體遭到切割，內臟都散溢而出。你當下會生起極大的傷痛和絕望，那就是悲心。

其次，試著將這種對悲心的體會不僅止於今生的母親，而是擴展到所有一切過去曾為自己母親的眾生，那些猶如虛空般廣大的無量眾生。每一個眾生在往昔的某個時刻，都曾經是你的母親，他們之間唯一的差異，只在於與你在時間上的遠近——目前是否仍然存活，或是存活在久遠以前的年代。想著所有這些眾生，你不會感到悲傷嗎？「**今生母親為首先**」（從你今生的母親開始），「**以大千眾修汝心**」（以全宇宙所有眾生為對象，而修持你的心），如此修心，是「**為使眾生得快樂，驅除眾苦與苦因**」（為了讓他們得到快樂，也為了驅除他們的痛苦和苦因）。帶著圓滿而無上的清淨念，也就是本初的悲心，「**生起勝願菩提心，修行六度波羅密**」（生起大願的菩提心，並修習六波羅密之道），也就是實踐的決心。「願菩提心」為四無量心：慈、喜、悲、捨；「行菩提心」為六波羅密：布施、持戒、忍辱、精進、禪那（靜慮）、般若（智慧）。

對第三支勝法的指示

【《三勝法的精要口訣》第 11-14 段】

當我們已然生起菩提心之後，便要進行第三支勝法，這包括生起次第和圓滿次第。特別是開始時，「**直身**」(挺直身體)並且「**除濁氣**」(排除濁氣)，「**專注面前虛空內**」(你的專注點為面前虛空中的度母身相)，「**度母無別汝上師**」(她與你的上師無二無別)。清楚地想像度母的樣子，觀想從她的身上放射數道光芒。若是無法保持清晰的觀想，便把焦點放在她前額內的某個小點。若是你能保持安定，則把焦點放在她心中央的某個點。若是你覺得躁動、不安或有許多散亂的念頭，即把焦點放在她肚臍內的某個點。透過毫不動搖的專注，專心一志地指引你的心、眼睛和呼吸，讓它們都把焦點放在度母身上。「**最終度母融汝身**」(最後，度母融入於你)。這同時是有對境(有焦點)和無對境(無焦點)的修持，它包括藉由將注意力指向度母身上的不同定點，以便能在生起次第的修持上有所進展。它包括心、眼睛、呼吸，以及減緩躁動或昏沉的方法。

你也可用特定的方式來持住氣息，以便讓注意力保持專一，例如可以閱讀蔣貢・康楚・羅卓・泰耶仁波切其釋論中對此的說明。屏住呼吸並使眼睛和注意力共同專注，是能夠調伏自心的方法之一。我們的心騎在呼吸的野馬上(心乘於氣)，因此，若能掌控呼吸，便能控制自心。換句話說，要把呼吸和心相融無二。

實際上，並非真正有個「度母」在那裡，而「你」在這裡，若你抱持這種概念，即是凡俗的修持方式。這個伏藏本文說道：「**最終度母融汝身**」(最後，度母融入於你)，意思是你所觀想的度母融入你，而你和度母無二無別。這是收攝階段的修持，而你於此時保持在無分別概念的狀態中。其後，「**三時憶念追尋斷**」（斷除對〔過去、現在、未來〕三時念頭的追尋）——不要追尋任何型態的念頭，「**安住無緣本然境**」（安住於沒有對境的本然相續之中）——任運自在地放鬆，沒有任何的參照點。「**身心調柔靜慮成**」（身和心都已變得柔和，「止」已然達成），接著你將能達到身心柔順的狀態，意思是身體能一整天舒適地保持完全不動，而心一直維持著止靜。你在數年的修持之後，便可熟練於上述的修持法，「**稱為靜慮波羅密**」（這就稱為「靜慮波羅密」），也就是超越的寧靜。

止靜或「止」的修持有兩種，第一種是有對境或所緣；另一種則是無對境。首先，你觀想度母；接著，保持在不觀想任何東西的自然平等（equipoise）中，離於任何對境。在這種止靜安穩之後，「**於此境中諸顯相**」（在這個狀態之內，一切的顯現），「**外、內，世界與眾生**」（外在的和內在的、世界和眾生），「**僅為如夢自感知**」（不過是個人的感知，猶如作夢一般）。這些個人的事件猶如我們夢中的經驗，作夢時，並無任何實質的東西，然而夢境卻依然展開。我們有著各種不同的感受，但是別人卻無法體驗這些現象，出現的只有我們自己所感知的現象，我們所經歷的即是自己的展現。

一般對實相（reality，真實性）的普遍觀點，是先假定有兩種經驗：個別的感知和共享的經驗。共享的實相是指每個人都可共同經驗的任何東西，也就是一般都能接受的真理，例如水就是水，地就是地，這個地方就是這個特定的地方。當我們死亡時，對於實相這個共享的感知便會分解，剩下的只有我們個別的經驗，而它們全然是我們自己所感知的現象。

事實上，一切的顯現和存在，原本都是個人的經驗。身為個別的個體，對於事物究竟如何，我們是以迷妄的感知來看待；我們認為水就是水，地就是地。有個例子是，當瑜伽士證得成就時，他的經驗和一般凡人的經驗就會截然不同。任何事物都不能妨礙這位瑜伽士，即使是物質性的元素，所有事物都完全不會阻礙他。在他的感知之中，一切的個人體驗都是如幻的；一切的顯現，都像是八個比喻事物如幻自性的例子之一(2)。換句話說，所有一切都是他自己個人的體驗。

由於有情眾生的二元分別信念，基本自性的五種顏色顯現為五大元素，[3] 以及其他等等。當這種信念全然瓦解時，就如那位瑜伽士的情況，那麼就沒有任何妨礙了。一切只不過是空性的顯相，所有的事物皆是空性的自起現象（self-phenomena），甚至毫無物質的本性。只要我們尚未摧毀自己的二元分別信念，亦即我們仍執著地認為事物具有實質，那麼，地、水、火、風、空這五大元素都能障礙我們。密勒日巴尊者能夠飛翔空中、穿越岩石，是因為他已經沒有二元分別的執著。對他來說，一切現象的顯現皆是幻化，因為他已經安住於本有覺性。他並不需要施力以便讓自己的身體穿越固體的物質，由於他的妄念已然瓦解，他所做的僅是通過物質而已。

輪迴的創造，並非來自分別概念之外的東西；一旦念頭被摧毀了，輪迴也就被摧毀了。若是輪迴真的有開始，就無法摧毀它。因為我們的執取，一切才會顯現得非常實質而堅固；一旦我們的妄念瓦解，了悟一切事物皆非實質，就不受任何妨礙。我們能夠毫無阻礙地在一切現象之中來回移動，因為對於固體實相的執著已然消失。此時此刻，我們把不真實的以為是真實而堅固的，相信自己對實相的錯誤感知，並因此而受到阻礙和限制；我們這受到制約的身、語、意，遮蔽了那不受制約的三身（法身、報身、化身）。金剛身的本身是不受制約的，我們的身體會遭火燒毀、被水沖走，但是那無生的金剛身則不會遭火燒毀。

佛經中提到「二無我」（twofold absence of identity）的道理。若要解析這「無我」（identitylessness，無本體性），你就必須解析感知者（能知）和所感知事物（所知）的空性。現象的無本體性（或「法無我」），即是了悟一切受感知的外在對境並無本體；了悟內在能感知的心並無自我的本體，則稱為個人的無本體性（或「人無我」）。解析這感知者和所感知事物（主體和客體）都沒有真實自性，即是了悟這「二無我」。

想想這生命的受制約本性，怎麼可能有任何事物是依賴於其他事物，卻能永恆的？生命本身就是受制約的，它並非永恆的，要是生命一開始便不受制約，我們就可以為所欲為。但是在這生命中，哪有什麼東西是可以恆久的？客體只不過是我們的感知，它們並無真實的存在，一切的客體都是空性不實的、自然狀態的呈顯。感知或顯現，本身都沒有具體的存在，唯有當我們摧毀了對於顯相的信念後，方能超越顯相於我們是有利或有弊的想法。

據說，「心不過是離於基礎和根本的念頭」。我們所謂的「心」，只是概念分別的思惟，由概念移向五種感官對境（五塵），並將它們概念化。心除了一個接一個的念頭之外，別無他物；若無客體對境，念頭就無法活動。客體對境僅僅可定義為對眼睛來說的可見形象，對耳朵來說的聲音，對舌頭來說的味道，對身體來說的觸感，以及對心來說的喜悅和哀傷。如果我們都不執取這些對境，念頭便無法活動，因為它們的活動有賴於對境。念頭與對境是相連而生的。

就內在而言，有個心；就外在而言，有五種感官對境（五塵），在這之間則有五種感官（五根）和它們的五門。這三種組合持續相連在一起，猶如一條毫無裂痕的鎖鏈。一旦了悟「無我」，這條鎖鏈就會斷裂；但是只要它還未被中止，我們就與輪迴相連。

在此重複說明，外在有所感知的客體，內在有能感知的心。以「止」的內涵來說，在這種止靜的狀態中，一切外在與內在的事物（包括世界與眾生，以及一切個人的現象）都是如夢一般。此時外在的信念已然停止，所有事物儘管看來好像都是從因緣而生，但事實上它們都是心的表顯。

「**直視能感知之心**」（往內審視能夠感知的心），現在我們來到這內在能感知的心，往內觀看並且檢視它本身。「心」是什麼呢？「**如雲難解無蹤跡**」（它難以理解又無影無蹤，猶如天空的雲），意思是它並無實體。心的活動似乎是在那裡，儘管並非如此；它看來是在那裡，然而卻無實質。好像天空中的雲朵，浮現之後又消失無蹤。能感知的心與天空的浮雲並無差異——它在那裡，然而並非如此；當你仔細地審視心，它毫無蹤影可覓。當雲朵消逝於天際，在它曾出現之處並未留下任何印痕，沒有任何東西會留下。

這個心也是如此，儘管它似乎存在，但卻是空的；儘管它是空的，它又能夠被經驗到。然而，它會消失，而且毫無痕跡。關於能感知之心的另一個例子是，它猶如用手指在水上作畫，當你在水面上描繪圖案，這圖案同時就會消失。就像這樣，你無法說能感知之心的活動從何而來，或從何而去。心的活動來來去去；它們生起，隨後又全然消失無蹤。這即是範例。

「**仔細探究心自性**」（當你詳加探究自心本性），再次地，你必須再更靠近些觀看它。「**彼性非多究竟空**」（它並無許多部分，而是徹底的空）。它並非多，意思是它並無實質，是不具體的，也不是由許多的事物組合而來，我們因而得到「心並非多」的結論。更確切地說，它如虛空般是空的──全然開放，不受阻礙，並且沒有實質。「**彼性非一明晰覺**」（它並非為單一者，而是清楚的覺醒），心的明性彷彿天空中升起的太陽般，能照亮一切。我們不能說心只是「一個」、「空的」或「無物」，因為它是清楚的覺性，猶如太陽的光芒。這空性和覺性是無二無別的，它們並非兩件不同的事物，這無二無別的性質稱為「本有覺性」（藏 rangjung yeshe；self-existing wakefulnees），全然超越心智念頭的執取。

從未有人說，你可經由心智概念的運作模式來看見佛性。

心之「空覺不二」性質的相續，在此即稱為「止觀雙運」(「止」和「觀」的合一)，「**了悟止觀雙運定，究竟度母：般若母**」（了悟「止」和「觀」合一的三摩地──究竟的度母尊者：般若波羅密多佛母〔Prajñaparamita〕)。無論你說的是大法身佛母（Great Mother Dharmakaya）、普賢王如來佛母或般若波羅密多佛母（般若佛母），都是真正的度母。報身從法身而來，開展為金剛亥母（Vajra Varahi），而聖救度母則由此化顯為化身，這指的是超越觀念而不受束縛的空覺不二狀態。

「**此為正行修道訣**」（這是對修道之主要法門的指示）。

詳細說明第三勝法

【《三勝法的精要口訣》第 15-23 段】

第三支勝法有較為詳盡的指示，從以下這句作為開始：「**已然明瞭諸法空**」（領會了一切現象皆為空性之後），這意指要知道事物的本然。所有的現象都是顯相和空性的合一，一切並非只是空無一物。在梵文 shunyata（空性）中，shunya 意指「空」（empty），而 ta 則指「呈現」（present）或「覺察」（aware），你也可以說 shunyata 就是顯現和空性的合一。所有的事物雖可被感知，卻是空的；它們顯現的同時也是空的，它們是空的，同時也會顯現。一切事物都具有空性的特質，「空的且覺醒的」（empty and awake）意指著所有事物的自性是無生、無礙的，沒有限制。這個自性並非因受生而來，好似虛空並非如孩兒般從母胎生出而來。

若不是因受生而有，則自然無有終止。如果萬事萬物不過是空白的空無一物，它的滅止就會保持為空無、空的。現象之空，在於它們沒有本具的真實性（實相），然而它們顯現而毫無阻礙。如果我們認為事物只是空的，就會自限於一種類似物質虛空的空白空性，毫無意識可言；但它既非迷妄，也不是解脫，就只是事物而已。然而，佛性並不受到束縛，它並非受限於只是空的或覺醒的。它是無生的，而且不受侷限，由於不是從生而有，因此也無有滅止。「無生」標示了它是空的；「不受阻礙」則標示了它具有覺性。

覺醒的同時也是空的，空的同時也是覺醒的，彼此之間毫無妨礙。要是真有某種阻礙，實相便會維持著只是空的或覺醒的，但是這顯然並非我們現在的樣貌和經驗的內涵。由於空的虛空是開闊的，事物因此可以浮現，若不是因為有這樣的不受阻礙特性，那麼地、水、火、風就無法出現。事實上，它們的確顯現；它們被形成且融入了虛空。對心來說，也是如此，無生而不滅，完全不受阻礙。它自然地超越「恆常」和「空無」這兩種侷限，也離於常見和斷見。認清「顯空不二」(顯現與空性的無分別性)，讓你不會陷入這兩個極端邊見之一。在此，自性無生而不滅這顯而易見的層面，即是生起次第。這個覺醒的層面，是你應該要修學的內容。

「**無生自在覺中修，此為生起次第法**」(在那無生而無所束縛的感知中觀修，這是生起次第的修持)。色(形相)、聲(聲音)、香(味道)、味(氣味)、觸(觸覺)是由五種感官所感知的，「感知」意指由眼睛所經驗的形相和視覺，由耳朵所聽到的聲音，由舌頭所經驗的味道，由鼻子所聞嗅的氣味，以及由身體所感受的觸覺。你應該將這些感知轉化為生起次第的修持內涵。

要「生起」，意思就是去創造。從究竟意義來說，顯相是由空性的相續中生起，它們是空性和覺性的合一。從這個真如(suchness，如是)的狀態中，一切都毫無阻礙地化現，它是無生而來且非由造作的，不是由心所虛構，它是原本就在那裡的基礎，是本具的自性。上師指引你看到本具自性，要保持在本具自性的狀態中，讓那壇城開展。

如果你無法這麼做，那麼，當你安住於空的覺性中之後，若有心的活動出現時，藉由以下思惟來轉化念頭：「這裡有個本尊聖殿！」若你能將所有生起的念頭和顯相轉變為清淨的化現，如佛陀的聖殿、本尊等，那麼它們都可成為生起次第的修持。

金剛乘的修持有「近修四支」：近（趨近）、全近、成（成就）、大成（大成就）。生起次第的修持，於外在積聚福德的方法稱為「近」，並伴隨著藉由加持，於內在來積聚福德資糧；領受本尊的加持稱為「成」。這些外在與內在的要點──積聚福德和領受加持，可清淨你的本性。

以特別深密的修道來說，則要「**虔修上師相應法**」（觀修虔敬的上師相應法）。修持上師瑜伽，以及「**供養曼達並祈願，領受四灌融二心**」（曼達供養法以及祈願，領受四個灌頂並相融〔師徒〕兩者的心）。

「**其後，為能達大成**」，接著我們來談「大成」這個層面，為此我們要修習三個三摩地，這些全都是在「基壇城」（mandala abiding as the ground）中達成。第一個三摩地為「真如三摩地」（samadhi of suchness，本因三摩地）──大空性、本覺，它是由上師引介給你的。然而，若你尚未認清本覺，而需要去造作時，就思惟一切事物從形相的色界（form）上至全知佛界（omniscience）都是全然的空性，毫無任何具體的本體。真如的真正自性，即是那全然不受損毀、無任何變異的本初狀態，這即是自我了知的覺性。當上師將你的自性引介給你，你無須以任何方式去造作它。上師並非引介你一個需要被創造的真如，他只是指出那不生、不住、不滅者。真正的真如三摩地即是本初狀態，離於生、住、滅。

第二個三摩地為「遍照三摩地」（all-illuminating samadhi，遍顯三摩地），又稱為「大悲三摩地」。在認清本覺的狀態中，有個本具的自然悲心，就如水自然就是濕的。這個悲心不是由造作而來，不必用任何方式創造，只要安住在真正自性之中，悲心自然會泉湧而出。若你尚未認清本覺，那麼你必須思惟一切不了解空性的可憐有情眾生，以便生起悲心。

第三個三摩地為「種字三摩地」(samadhi of the seed syllables)。這是第一個三摩地與第二個「悲心三摩地」無別的空性。它以種子字的形相作為開展。

「**三三摩地無別顯，觀所依、能依壇城**」(作為不可分的三個三摩地之表顯，觀想所依止者和能依止者的壇城)。所依者是佛陀的聖殿，能依者是本尊，在此指的是聖救度母。「觀想」所指的是生起次第，有三個要點：尊身明顯，堅固佛慢和清淨憶念。

「尊身明顯」意指要觀想中央本尊明晰而清楚的樣貌，直至身體的毛孔和眼睛的顏色，當所有細節都能明澈、清楚地呈現時，即稱為「尊身明顯」。「堅固佛慢」則是指穩固的信心，全然離於懷疑，相信「我就是本尊」，在此，本尊則是指聖救度母。「清淨憶念」是要記得所有象徵的意義。例如，本尊的雙眼代表智慧和善巧方便，雙臂和雙足代表四無量心，單面代表法身的單一境域，以及其他等等。所有本尊的細節都象徵著清淨的某個事物。

這上述三者稱為「清晰」、「堅固」和「清淨」：身相的清晰、佛慢的堅固和憶念的清淨。「**圓滿成辦此明晰，能止凡俗覺受執**」(藉由完全精通於如此的清明性，則能停止對於凡俗覺受的執取)，你的世俗感知──對於外在宇宙和有情眾生的感知，以及對於愉悅、苦痛和感覺的執著，全都被終止。觀想本尊，能全然滅止認為實相具有實體的一切執著。

當你全然圓滿上述三者，當那清晰度完全明澈且清楚，你便可運用阿努瑜伽(Anu Yoga，無比瑜伽)中的特定坐姿和脈、氣、明點來修持。

其次，「**專注觀心內明境**」（專心於心中的明耀境域）。「**若嫻熟則不取捨，安本心續離收散。**」（對此嫻熟之後，不納受也不拒斥，不外放也不收攝，安住於本初心要〔mind-essence〕相續之中）。「心要」意指著空覺不二的狀態；「本初相續」意指著不受干擾的本然狀態。「拒斥」意指：「這些念頭不屬於見地；我必須清除它們」；「納受」意指：「我必須得到這覺性，我『一定』要取得它。」完全放下「納受」和「拒斥」這兩者，接著便可能出現覺性的廣空──本覺。經由本然的狀態，你認清與第一個三摩地「真如三摩地」相同的狀態。

「**若有些微覺醒現**」（當些微程度的覺醒性如晨曦初升），換句話說，經過一段時間的修持且對此有某程度的熟練之後，本初的覺性會如晨曦般出現，當這個情況發生時，就要修習「和合氣」（union-breath）。「和合氣 」（合一的氣息）意指寶瓶形狀的氣息（寶瓶氣），也就是透過非常特定的方式來屏持氣息的技巧。在此之後，你繼續以金剛持誦（vajra recitation）修習氣脈（wind-path）。這個金剛持誦並非經由口，而是以心來持誦，同時修練氣息。

「**一旦脈氣調柔順**」，若是脈（channels）和氣（winds）都變得柔順，意指它們能被使用，並且你已能自主或掌控這些理順的脈（structured channels）、流動的氣（moving wind），以及排列的明點（arranged essences），那麼便以「**具格印侶為觸用**」，要尋找一位具有資格的印侶（mudra，修依手印母，古譯「明妃」）。若你是女性，便找男性的夥伴；若你是男性，便找女性的夥伴。這個修持的根本在於如何隨時安住於大覺性的相續之中，同時讓大樂下降、保持、轉動、充滿，並且遍布。因此，「**點燃大貪之火焰，大樂降、持、提、滿、散，廣大明覺相續住**」(以燃起大貪之火焰，讓大樂〔覺受〕下降、保持、轉動、充滿，並且遍布，安住在這個大覺性的相續之中)。

有時，可點燃拙火(tummo)來作為增益的法門。接著從咒語放光，並且收集所有的精華。在心輪中有種子字「TAM」(當母)，其周圍有「OM TARE TUTTARE TURE SOHA」(度母心咒：嗡・達磊・嘟達磊・嘟磊・梭哈)，由此放出「OM TARE TUTTARE TURE SOHA」(嗡・達磊・嘟達磊・嘟磊・梭哈)的光芒，這即是持誦。藉由這個方式，宇宙和眾生的精髓，經由「HUNG」(吽)字而被聚集並且收攝。

「**專心於不壞明點**」(把心專注於這個不受毀壞的明點〔bindu〕)，這是究竟的明點，並非物質性的實體。這個不受毀壞的精髓，並非某些物質性的東西，它是覺性或法身的本身。「**風息修持以穩固**」(運用特殊的呼吸修持法來使它穩定)，這個在觀想的同時持氣的修持，說明了氣與心的無分別性。修行若有某種對境或參照點，便仍落於二取(主、客兩者)的相對性。從這個意義來看，進行觀想、持合和氣、修練拙火、放光與收攝等這些詳盡的修持，全都是相對的修持。然而，經由這些修持，你可以了悟那絕對的意義。

「**後得剎那自生覺，引入離念本空中**」(將那自生覺性的剎那，引入超越概念心的根本虛空之中)，這就是究竟的修持。讓覺性遍入虛空，意指將自生覺性的剎那，引入不可思議的虛空之中。這個修持是要安住於空覺相融的相續之中，認清見地，或在自生覺性之中修習。

「**藉由譬喻智為例**」(以「譬喻智慧」〔example wisdom〕為闡明的範例),這個作為範本(譬喻)的智慧說明你已了悟究竟智慧,也就是空覺不二,這稱為「俱生」(coemergent),而你「**修得金剛度母位,不變三要即身成**」(便在此生之中,成就具有不變三精要的金剛度母位)。這不變的三個精要,即是脈、氣、明點的精髓,脈的精髓為智慧脈,氣的精髓為智慧氣(智風),明點的精髓為智慧明點。事實上,這三者全都單純是本初的覺性。究竟上來說,三個不變的精要即是本初的覺性,如如不動且毫不變異;任何改變或移動的,都是念頭或心的攪動。任何不動的即是本覺、覺性本身,也就是本初的覺性。

「**此為無上殊勝道,結行修持次第訣**」(這是對無上修道結行部分的逐步指示)。SAMAYA(三昧耶)。**封印,封印,封印**。DATHIM(達聽)。

如是,因受度母尊加持,秋吉·林巴撰此文,源自了悟之心意伏藏。ATIGUHYA(阿底古亞)。

蔣貢·康楚曾針對這個伏藏本文加以論釋,當完成時,他表示若要以濃縮經部和續部兩者的一切法門,來撰寫這個法教的完整解釋,那將會是一部巨著。然而,濃縮得太多卻又讓人無法了解。因此,他寫了一部中等長度版本的釋論。

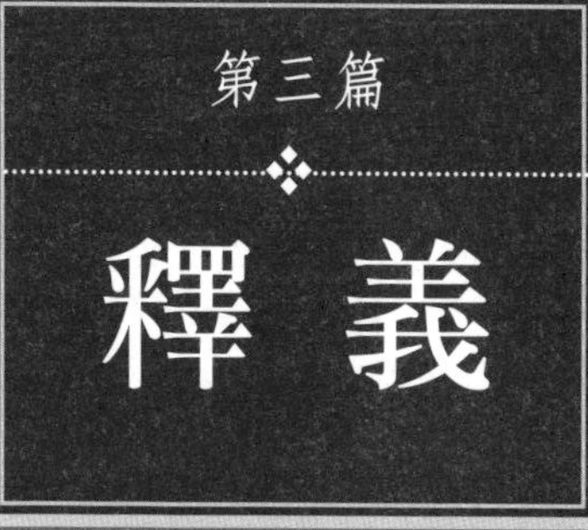

善巧的莊嚴

Skillful Grace

楚喜・阿帝（Trülshik Adeu）仁波切

第一章
初勝法：聲聞乘

導言

請發願，決心為利益一切如虛空般無量無邊的有情眾生，而成就無上的正覺，並且保持上述的發心，繼續閱讀以下的指引。

在每個修持的開始，都必須有三個步驟：學習（聞）、思惟（思）和運用（修）。在一開始，我們需要以真正完備的方式來領受法教。真正的學習包括對教言要有所了解，為了能夠了解教言，我們需要從屬於現存傳承的某人處，清楚地聽聞法教。而這個人本身需要有該法教的真實教傳，也必須能夠清楚地將它傳遞下去。

在領受法教之後，我們需要仔細思量這些法教的意義，並對法教的價值和法門獲得一些信心和確信。

最後，我們需要將法教運用實行，讓自己熟練於該法教，並將其融入生活之中。這是修持能夠真正有效，並成為實際行動的唯一方法。僅只是知道一個法教，卻不運用它，這是不管用的，單單是智能上的知識，並不足夠。這和想要治病卻只閱讀醫藥資訊，或把藥品擺在桌上，看著它卻不使用它，是一樣的。從未有人能只看著藥品的瓶罐就得以治癒，我們必須使用藥品，必須運用那個治療方法。所有的法教都是為了要被運用。

在你對法教有了知識上的理解和穩定性的確信之後，最重要的事便是清除任何你可能生起的誤解和疑問。接著，你必須以非常個人而深入的方式來運用，也就是要修持它。這個最後的要點，是任何法教能夠有所助益之處——你要實際去修行，而非僅止於知道。

噶舉派和寧瑪派這兩個傳承的所有大師都同意，對於在修道上的初學者來說，悲心、虔誠心和出離心（想要解脫的意願），並不會時時刻刻持續自然地出現。在剛開始時，根本就不會這樣。你必須形塑悲心、虔誠心和出離心的發心，並且刻意地修學它們，過些時日後，它們將會以超越自然和超越造作的方式愈來愈自然地出現。

為了能在修道上有所進展，出離心是每個佛法行者所必備的品德。若是沒有出離心，你將不可能在道上前進。共同的預備法門（共加行或共前行）的第一部分，即在於能幫助滋養這個渴求解脫的意願，這個修持稱為「四思量」（four contemplations）或「四轉念」（four mind-changings），其中包括要面對一些無可避免的人生事實，這些前行讓你除了想要解脫之外，別無他想，同時也能非常自然地不再執著於輪迴的欲求。這是為何對一位真正的佛法行者來說，這些前行法如此必要的緣故。在西藏，對於那種想要成為佛法修行者，卻對輪迴毫無脫離意樂的人，有個比喻的說法：這種人就像是在死寂的冬天中，於冰凍的湖泊上建造很多樓層的房子。房子的結構可能看來非常堅固，但是當春天來臨，湖水解凍後，整棟樓房就會沉沒了。同樣地，你可能在修行上有那麼一點明顯的穩定，但是若無出離之心，只要出現困境或艱難，你的修行隨即冰消瓦解。因此，佛法行者在修行初始，應該把焦點放在脫離輪迴和出離心上，也就是發起想要解脫的意願。

往昔在西藏，教言的指引手冊都特別安排，以使那些剛開始修持前行法的行者，只能領受第一部分的教導。在學生完成這部分的修持之前，會先暫時停止教導。等到學生完成修持並回來之後，下一階段的教導才會重新開始。在領受這次的指示之後，學生會離去並進行修持等等，直到他們完成共同加行和不共加行兩者為止。[1]所有的教導都不會事先毫無節制地給予，也從不設想有人能因自己一時興起而修持。不修持，就不給指示。對於生起次第的本尊修持來說，也是相同的方式，你會先領受到這個修持的某個特定部分，接著修習它。等到你完成那部分之後，再回來領受更多的指示。為了得到大圓滿或大手印的指示，你就得等到至少、至少已經完成所有的加行才行。

這是以前在西藏的方式，現在看來已經有些不同了。許多人想要略過一切，直接跳到圓滿次第。也有些人，根本沒做任何本尊的修持或加行，馬上想要修練涉及細微氣、脈修持的瑜伽法門。然而，我本人對於這種方式的效益，有著極大的懷疑──他們是否已經有真正的了解，這種方式是否真實而正確。然而，許多人仍然想要跳級躍進，免除中間的所有步驟。

佛法的修道是要按部就班而從頭開始逐步進行的，且這樣做有其特定的緣由。當進行了第一步驟後，由於你已走了一點路程，要走下一步就會比較容易些。在你完成第一層次的修持後，你已經達到某個程度的成就，因此已然準備好要移向下一個層次。這時要進行下一個步驟，相對來說便簡單許多。這是佛法修道何以如此設計的原因。

若是有人不想尊重這樣的系統，試著要直接跳到不熟悉的地方，極有可能會出現困境。你可能領受某個特定的法教，而想運用在修行之中，但我能保證，這將不太容易。這並不表示它是不可能做到的，而是這需要極大的毅力，此類人是否真的願意花費所需的時間和精力來修行，是令人質疑的。有可能過了一陣子，你會發現什麼也沒發生，什麼也沒達成。到了那時，你極有可能會責怪法教，認為是法教讓你沒有任何成就，然而事實上，該要負責的是你缺乏耐心。因此，從頭開始、按部就班，最終來說應該是較有助益的方式。

許多學生對於佛法修持的確有著真誠的興趣。請了解，上師相應法是前行法中最為重要的部分之一。經由此法，我們才能領受對於了悟的真正傳承加持。在念誦「祈請文」之後，領受四個灌頂，並且將你的心與上師的心相融，由此領受加持，而這加持能讓你與圓滿次第的見地有所連結，這圓滿次第的見地是你無法不領受開示而直接跳入的部分。在寧瑪派之中，這受到強烈的重視。偉大的上師們曾有如下的傳統說法：

了悟乃經由加持道而達成，
加持乃經由虔誠道而達成，
虔誠乃經由祈願道而達成。

換句話說，你無法在毫無準備的情況下，直接和了悟的狀態相連。為了要了悟本初的覺性，你需要藉由加持來和它相連，而加持乃有賴於你自己的虔誠心 、開放度和信心。你可經由「祈請」來培養上述的品德，透過憶念上師的偉大功德，即所謂的

「上師功德之無盡莊嚴輪」，並將你的虔誠心明確地以「祈願」或「祈請」的方式來表達。這是生起虔誠心的方式，也是你如何領受加持並獲得了悟的方式。

偉大的止貢噶舉（Drigung Kagyü）上師吉登・松袞（Jigten Sumgön）被稱為「三界存有之怙主」，他曾經寫下這首偈頌：

直至你虔誠心的陽光
照耀上師四身的雪山之前，
加持之流尚不會流下。
因此，要持續修持虔誠心。

請認清，若你想要證得那了悟狀態的四身，你需要持續以開放的心來修持虔誠心；否則，便無法了悟什麼。

噶舉派的金剛總持（Vajradhara）祈請文〈多傑・姜・瓊瑪〉（藏 Dorje Chang Chungma）(2) 說道：「**虔誠心為禪修的頭部，這是如此教導的。**」身體最重要的部分就是頭部，沒有了虔誠心這頭部，就不可能修持禪定。印度大成就者薩拉哈（Saraha）[3] 曾經寫下這首偈頌：

唯有藉由清除障蔽且開創福德，
並領受最為無上的上師加持，
你才能了悟俱生、本初且永恆的智慧。
因此要知道，其他的所有方法都是妄想。

想要運用任何其他方法來了悟本初覺性的狀態，例如想辦法用概念來解讀自己的基本自性，都只是愚蠢的方式。唯一的道路即是加持之道，並對具德上師生起虔誠。

在竹巴噶舉（Drukpa Kagyü）傳承的法教中，有所謂的「四印法」（four sealed teachings）。第一印為「見」（見地），即「大手印」；第二印為「修」（禪修），即「那洛六法」（six doctrines of Naropa）[4]；第三印為「行」（行止），即「六等味法」（six cycles of equal taste）[5]；第四印則是「七支吉祥因緣訣」（sevenfold instruction on auspicious coincidence）[6]，這被認為是最重要的上師相應法，此法是修道的每個階段所不可或缺的。在竹巴噶舉的法教中，有另外一種說法：「**你能否經由禪修而得到解脫，這是令人質疑的；但是，經由虔誠，你毫無疑問必可得到解脫。**」當然，可能有人會因為禪修而得到解脫，但是這種結果不保證一定會出現。然而，如果以對上師的虔誠來禪修，那麼你毫無疑問地必會得到解脫。

對於上師的虔誠心和上師相應法，在寧瑪派的法教中受到強烈的重視。蓮花生大士曾說：「**了悟上師，即是了悟一切善逝的境界。**」這是說：「**若你了悟我**」，「我」是指蓮師的基本自性，「**你就了悟所有佛陀的自性**」，因為蓮師就是一切諸佛的自性。所以，上師相應法才會出現在所有重要伏藏師所取出的伏藏之中。

佛法修道的核心，即是修持本初覺性，本初覺性就是平等捨（equanimity）的狀態，亦即基本的禪修狀態本身。這是我們需要逐漸熟悉的，也是所謂「直指心性」（pointing-out）的指示內容。你的根本上師賜予「直指心性」的教言，因為除了上師之外，沒有別人知道要怎麼做。唯一能夠指出你真正自性的人，就是你的金剛上師。因此，若你能在還未領受「直指心性」的教言之前，便重視上師相應法和對上師生起虔誠心的修持，那將有極大的利益。

包括金剛乘續部在內的所有經典都提及，在我們要接受某人成為自己的老師和指導之前，我們需要檢視此人是否為合格的老師。盲目地接受老師，可能會像毫不知情地喝下毒藥般有害。這不僅是從學生的觀點來說，上師也必須檢視這位學生是否合格，否則可能會像從斷崖跳進無底洞一般。對於老師和學生兩者而言，都需要檢視彼此是否真正合格。

除此之外，教言也必須有效力，必須是個合格的指示。如果這些因素都可完備，那麼結果就會是真實而完美的。在和任何一位金剛乘上師建立任何關係之前，理清楚以上所有要點是很重要的。光是追隨某個人而不發掘以上答案，是不夠好的，因為若你只是盲目追隨，就會有人把你引入錯誤的方向。首先要謹慎檢視所有這些要點，這是我們自己的責任，法教中再三重申這個要點，傳統上也會事先檢視彼此。若非如此，我們可能就像發覺自己所喝下的飲料是有毒的那般，發現自己長時追隨的老師其實是不合格的。

同樣地，老師需要決定學生是否有意全然貫徹地修行法教，是否有擔當任務的堅忍、勇氣、悲心、智能和出離心。有些人或許只是要出外「獵取麝香」，想要為了個人自私的用途，而獲取某個特定的法教。若把法教傳給某個從不真正修行的人，該法教就被浪費了，而進入這種關係，可能就像是跳入無底洞一般，老師和學生兩者最終可能都落入地獄道的某層之中。對於進入師徒關係，我們必須極為謹慎，既然這個要點在所有的經典中都已提及，那極可能就是重要的！

在這本書所解釋的法教系統內涵中，當修持上師相應法時，無論你的上師本質上或許為某人，你都應該將度母視為與自己的根本上師無二無別，上師和度母之間並無差別。也許在初始時，你還無法感覺到完全的尊崇和虔誠，但你必須試著生起完全的尊崇和虔誠。剛開始時，虔誠也許是矯揉造作的，但在一段開展心性的修持後，你應該會達到這個程度，而能體會到上師的自性等同於三世諸佛的自性。然而，若從對待你的慈愛來說，上師對你的慈愛遠甚於三世諸佛。一旦你在上師相應法的修持之中生起了這種虔誠心，你就已經建立了修學大手印或大圓滿等主要修持的堅固基礎。

現在我將開始解釋伏藏本文，這個伏藏是由偉大的伏藏師秋吉・德千・林巴（Chokgyur Dechen Lingpa）所取出，稱為《三勝法的精要口訣》（藏 *Lekso Sumgyi Döntri*），其中包括度母的成就法。我第一次是從桑天・嘉措（Samten Gyatso）領受這個伏藏本文的開示，他是祖古・烏金仁波切的根本上師，之後再次從宗薩・欽哲・確吉・羅卓（Dzongsar Khyentse Chökyi Lodrö）仁波切領受開示，其後從閉關上師謝拉・羅桑（Sherab Lobzang）仁波切和上一世的措尼（Tsoknyi）仁波切領受教言 。目前這本書的基礎，則是蔣貢・康楚所寫的釋論。(7)

薩瑪派（Sarma，或稱「新譯派」，是噶舉、薩迦、格魯三派的合稱）和寧瑪派（Nyingma，或稱「舊譯派」），這兩派都有相應於不同續部層次的度母修持。新譯派中有許多度母的儀軌，舊譯派的許多伏藏師也取出了度母法要。若以如何修持度母法門的開示來說，或許是有比《勝哉》（*Lekso*。譯按：所指即為此《三勝法的精要口訣》法本）更為詳細的文本，不過我從不知道。因此，對於想修度母法門的人來說，可能沒有比這個指示更為上選的了。它絕對完整，從所有的前行法，到分為外、內、密三儀軌的正行法，以及隨後瑜伽（Subsequent Yoga）等等，這份伏藏本文全都涵蓋。你可以視情況來修持，不論是度母的外儀軌，或能驅除種種恐懼的度母二十一尊內儀軌，還是雙運度母的密修持。《勝哉》包含所有生起次第的細節，也描述了有對境（概念的屬物，conceptual attibutes）和無對境的圓滿次第修法。儘管伏藏本文對於一些如隨後瑜伽的上層瑜伽，只有相當簡短的說明，我覺得它們仍是包含在其中而無所遺漏。你可以確信這個開示的完整性，因為它涵蓋從初始到結束的一切程序，很難再找到比這個更為完整的度母修持了。

我將討論的教導包含一般的佛法修持主題，以及金剛乘最精要的見地和禪修，後者具有極大的重要性，它的善德難以衡量。將自己的心對準佛法，樂意且想要去修持並了證佛法，這樣做的價值遠高於我們所能估量的程度，這個善德是難以思議的。然而，許多、許多的眾生卻缺乏如此的福報，他們與我們現在所享有的這種善緣暫時斷絕了。因此，我們應該要回向功德，這包括共同的功德和能夠涉入深密金剛乘法的功德，將這些功德給予那些過去生世曾為我們慈愛母親的一切有情眾生，願他們也擁有如此的福報，得遇無上法教並且因此受益。以此善德為例，在每次修法或聞法結束時，都要將所有可能在其中形成的各種功德，回向有情眾生。這同時也能確保我們所累積的任何利益，不會浪費或消散，也不會受到任何的毀損。以此菩提心的證悟發心，經由回向的功德將永不耗盡。

歷史背景

蔣貢．康楚所寫的釋論，是以梵文所寫的這句話為開始：「**頂禮和聖救度母無二無別的上師**」。

以下四行，則是蔣貢．康楚表達崇敬而讚頌度母功德和願力的「啟敬偈」。當然，一切諸佛菩薩都曾發願，要為利益一切有情眾生而成佛。然而，聖救度母的願力卻有個與眾不同的地方，那就是她發願要永遠化為女身，直至證得佛果。在此，蔣貢．康楚讚揚度母的決心和慈悲勝於所有諸佛菩薩，因此，他請求道：「**請您保護我，直到我究竟證悟。**」

接下來的四行，蔣貢．康楚誓言要完成他所將寫下的內容。他也描述了伏藏本文的主題，即關於度母的續法。度母的續法並非僅有一個，它們如大海般不可計量。蔣貢．康楚於釋論中寫下了這所有續法最為重要的精華──度母甚深的、心要的了悟，撰寫的方式既完備又簡明。他所決定撰寫的是一種指引文本，它含括所有教導的精髓，能讓人在一生世中得到無上的了悟。

蔣貢．康楚表示：「**一開始，我想要簡單提及與法教相關的歷史背景。**」接著，他描述度母的化身。在一切的佛土中，有著無量無數與度母相關的續法、儀軌和口訣。在我們的世界中所出現的許多度母續法，來自於觀世音菩薩的化身──蓮花生大士。他來到西藏，並根據西藏國王、佛母耶喜．措嘉（Yeshe Tsogyal）[8]，以及眾親近弟子的根器，給予了詳盡和簡要的兩種指示。不過，大多數這類續法、口訣、儀軌的教導，都是為了未來世代所說，也因此被隱藏為心意伏藏、地伏藏、天伏藏等等。若整體來看，所有這些教示即是一整套的度母教法。

耶喜・措嘉離開人間前往聖土的地點，是在香地的雜布山谷，此處即是這個度母伏藏被隱藏的地方。原本應該由蔣揚・欽哲・汪波前去該處取出伏藏，但是他並未成功達成此事。取而代之的是，他取出了各種不同型態的心意伏藏。這些心意伏藏中，與《勝哉》最有關連且甚深的伏藏是《企美・帕瑪・寧體》（*Chimey Pagma Nyingtik*）。秋吉・林巴也有另外一個伏藏，是與《巴切・坤瑟》（*Barchey Künsel*）有關，稱為《驅除障礙四本尊》（*Four Deities for Dispelling Obstacles*），其中度母為這四本尊之首，該伏藏有許多相關的儀軌修持。然而，最為殊勝的伏藏，其精髓之處即是《卓瑪・雜地》，也就是《度母甚深精要》，該法在今日全世界的佛法中心都有修持。

末法時期結束時，秋吉・林巴示現為一位毫無爭議且獲普遍認同的伏藏師，成為眾生的導師。他前往西藏東部的「蓮花水晶巖穴」（Lotus Crystal Cave）[9]，此處是與證悟功德語（Enlightened Speech of Qualities）相關的二十五處聖地之一。當他停留該處期間，有個早晨正當晨曦初上，他淨見到聖救度母出現在面前，並連續說了三次的「Lekso」，意思是「勝哉」（excellent）。由於他領受到這個加持，這些甚深而簡要的法教，便全然自他廣空般的了證中傾流而出。當秋吉・林巴寫下這些法教之後，他就以一對一的傳遞方式把它交給了蔣揚・欽哲・汪波。因此，這個法教的真正持有者即是蔣揚・欽哲・汪波，其身為伏藏師的名號為「沃瑟・兜納・林巴」（Osel Do-Ngak Lingpa）。儘管本來應該由蔣揚・欽哲取出這個法教，但是因為他從未有機會前往香地的雜布山谷，秋吉・林巴便將這個法教第一個傳給了他。

蔣貢．康楚說明道：「**我的怙主上師貝瑪．沃瑟．兜納．林巴修持這個法門三年，其後仁慈地將它賜予給我。這是我領受法教的緣起。**」

以上為法教歷史淵源的簡介。關於這個伏藏的內容，在此簡明摘要如下：它包括了首先為灌頂，其次為外、內、密的儀軌和無上的事業，以及最後與法教指引有關的整個程序。

入道之基石：聲聞乘

這個伏藏的本文《三勝法的精要口訣》涵蓋了三世的法教，它顯現為無可摧毀的金剛那達（nada）續法，這個金剛那達難以言表，且是一切表顯的基礎之音，它的出現是因應有待調伏之眾生的習性。

「勝哉」重複三次，具有特殊的意義。這象徵著初始的善法，即對入道基石的指示；中段的善法，即修道本身的基礎；以及最末的善法，即修道的主要部分。關於這三個層面，伏藏本文各別給予了指示。

「入道的基石」這個專用語詞是指如何達到「真正崇高且明確的良善」，其中所指的是天道、人道和解脫與證悟的狀態。信心和出離心是成為聲聞和辟支佛的主要基石，這稱為「下士」（下等根器者）和「中士」（中等根器者）的漸次修道。

我們要個別將這些步驟運用於兩種預備的前行法：課修的前行和聞法的前行。

課修的前行

首先，安坐於一個離於禪修荊棘的地方。「禪修荊棘」意味著任何能將你帶離修持的東西，即任何會分散、干擾或阻斷修持的事物。前往一處沒有任何干擾的地方，並捨棄所有和身、語、意相關的迷妄活動。安坐在舒適的禪修坐墊上，盤起雙足、挺直腰背。你可以運用如意坐、大日如來的七支坐姿，或任何其他的舒適坐姿，重點是這坐姿必須讓你維持腰背挺直。呼出與三毒相關的沉滯濁氣三次，接著就是單純地放鬆自心，毫不散亂。換句話說，要專注於接下來的教導。

充滿信心地想像在面前的虛空中，蓮花座上有個月輪，其上坐著等同自己根本上師、外觀如聖救度母的師尊，且此聖救度母為一切皈依聖眾的總集身。

觀想以上情景，複述以下偈頌：

尊貴的上師，您與莊嚴的聖救度母無二無別，我向您祈願。
請將您的加持賜予我。
請平息種種的染污和錯誤思惟，
請容許真正的了悟於我心中如晨曦初升，
請清除種種阻礙成就大乘法教的障難。

持續、反覆地念誦這個「祈願文」，直到真正的虔誠於你心中泉湧而出。

如同我先前提及的，虔誠心並不一定會在一開始便自然地出現。某些文本中對上師相應法的指示便提到，首先我們要祈願，接著能開展，於是最後可領受加持。開始時，我們應該想想自己真正是誰，回想自己的特性，並承認自己並不十分特殊。接著，把我們這次等的特性和上師偉大的功德相比，我們將生起愈來愈強烈的崇敬和信心。當上述成為自發而深刻的感受時，我們便會淚水盈眶、汗毛直豎，這是我們進入加持的方式。在領受加持的當下，虔誠心將會因而更加深切，我們也會領受到更多的加持。別期待能在最開始時，就具有完整而懇切的虔誠心。直到真正的虔誠心確切地生起之前，在開始每個課修時，你都需要生起「仿造」的虔誠心。假以時日，虔誠心的習性將變得愈來愈加自然。

當你的虔誠心不斷地增長、增強，便要想像上師從你的頂冠之處穿入，下至你心輪中的光點並且安住。下定決心要將你藉由修持所累積的善根，都回向予一切有情眾生，以便他們也能成就全然而圓滿的證悟。運用上述的方式，回向功德。

這個程序──觀想上師；向上師祈願；由頂冠之處融入上師，下至心輪；以及回向──應該成為每次禪坐課修的初始修持。

法教的前行

法教的前行主要是為了下等根器者和中等根器者所設。這些前行預備法包含「四思量」──暇滿之難得；死亡和無常；下三道之苦；業行（karmic action）之因果，以及皈依。

我們開始修持各個「思量」時，都要重複上述的過程：觀想上師、向上師祈願、融入上師至心輪。接著才是「思量」的內容本身。

思惟暇滿之難得

一開始，要思惟自己所擁有的一切——我們的成功、資產、財富等等。接著，將上述這些和能讓人修持佛法的最重要基礎相比，也就是和那些極為難得的自由（閒暇）和富足（圓滿）相較。比起修持佛法的圓滿機緣來說，再也沒有更具價值的東西了，而我們現在「即是」具足這些機緣。我們已然得到極為難得的東西——這個珍貴人身，莫把它浪費了。

佛陀在《大悲蓮華經》(*The White Lotus of Compassion*)[10]中提到，「**能夠投生為人是極為困難的，要擁有這圓滿的有暇，則甚至更為困難。**」要有佛陀於世間示現，並不容易；要有決心修持真正的佛法，並不容易；除此之外，要能成就圓滿的願力，也極為困難。然而，我們現在卻擁有具足上述的一切善福。

擁有珍貴人身，意思是能離於八種無法閒暇的狀態。這「八無暇」包括：投生於地獄道、餓鬼道、畜生道、長壽天；或身為蠻夷；或具有邪見；或生於無佛出世之時；或身心功能受損。

然而，我們所需要的只是比離於「八無暇」狀態更為進一步的東西，我們需要「十圓滿」，其中五種圓滿來自我們本身(自圓滿)，另外五種來自於他人(他圓滿)。「自圓滿」包括：我們生而為人(所依圓滿)、住於中土具有佛法之處(環境圓滿)、五根具足並且機能完善(根德圓滿)、有正當的求生之道(意樂圓滿)、對於正確對境具有信心(信心圓滿)。「他圓滿」包括：佛陀曾經示現(如來出世)、佛陀曾經傳法(佛已說法)、法教受到保存(佛法住世)，以及法教是由清淨的修行者所依循(自入聖教)，且有人願意培育修法的行者，即要有上師（師已攝受）。當上述這些全都已完備，你便可說道:「我已經獲得了珍貴的人身。」

思量這些有暇（暇）和圓滿（滿）的原因，是要誠摯地思索並感謝這些機緣，我們因而能下定決心不要浪費這稀有難得的機會。我們所能達成的任何其他事情，都只不過是幻相，是一場夢境。懇切而言，只有解脫和證悟是有意義的。

其次，你用「數量」來思量獲得這些暇滿的機緣是多麼難得。例如，地獄道眾生的數量猶如宇宙原子般那麼多；餓鬼道眾生的數量相當於一場暴風雪中的雪花；而畜生道眾生的數量則如酵母粉片那般多，你可想像當我們要做青稞酒類或西藏啤酒時，所用的酵母粉片真的難以計數。我們在地表都可看到動物和人類兩種，相較於此，較為上層的眾生數量，就如你大拇指指甲尖上所能停留的灰塵微粒那般稀少。若從數量來說，能夠完全擁有暇滿人身的眾生，實在非常稀有。[11]

隨後，我們以類比的方式來思量暇滿人身的難得，蔣貢·康楚建議可使用傳統的盲龜為例。想像有個星球，表面全被水所覆蓋，並且波濤洶湧。有個木造的環扣隨著波浪的起伏而翻來滾去，在水面下有隻眼盲的烏龜，每一百年才會冒出水面一次。若要這隻烏龜伸直脖子套入在水面漂浮的環扣，那機率有多大？烏龜是眼盲的，水面是湍急的，環扣是唯一的，並且烏龜只會每一百年出水一次。這幾乎是不可能的事，然而這樣的機率，即是我們投生為暇滿人身的機率。

投生為暇滿的人身，猶如尋獲如意珠寶，若你渴望世間的成就、享樂和舒適，這個暇滿的人身便是你獲得這些的工具。若你想要脫離輪迴，這個暇滿的人身也是能讓你如願的工具。若你的目標是最終的證悟、成佛，這個人身也能讓你達此成就。這個身體因此是極具價值的，能夠擁有這個身體，值得感到歡喜並應善加利用。若是慵懶躺臥並心想：「嗯，就算我這次沒有成功，我也可以下輩子再試試看。」這就毫無意義了。就像眼盲的烏龜來到水面上，可不保證下輩子你還會擁有人身，具足五根機能、善緣等這些目前所享有的一切。下定決心，就是此生，要真正利用這個機會，善加運用你所擁有的好處，才是較好的方式。否則，就像寂天菩薩（Shantideva）所說的：「**若你擁有暇滿的人身，卻浪費了它，再沒有比這個更嚴重的浪費，也沒有比這個更愚蠢的事。**」

思惟無常

接著，思惟無常。「**死亡無可避免，我也是會死的。這無法預防，我也沒有太多的時間。**」這就是思惟死亡的方式。

佛陀曾說：「**善男子、善女人！一切有為法，皆是無常。**」所有組合而成的一切都會毀壞，這是毫無例外的。一切都是無常的，明確地說，我們的生命力可不比一顆泡沫更為持久。當然，我們都了解，雖然不確定泡沫何時會破碎，但是它一定會破碎。相同地，我們的身體必然會死亡，沒有人曾經逃過死亡的劫難，從未有人如此。既然身體是組合而成的，它絕對會毀壞。生命從未多加逗留任何一刻，所有一切都隨時改變，隨著每分每秒地過去，我們離死亡更加接近。正如佛陀於經典中所說的，你每走一步，就愈靠近死亡一步，這就像死刑犯要上斷頭台一般。我們應該仔細思惟這些意象。

雖然我們絕對會死，但是並不確知何時會死，並沒有所謂固定的壽命，我們時時刻刻都可能死亡。許多人一出生就死了，其他人在出生後，由於身體的缺陷而迅速死去，沒有什麼是確定的。此外，還有各種意外、疾病和不同的危險，例如掉落懸崖、洪水、火災、猛獸、病痛和瘟疫、邪魔勢力、錯誤的藥物和醫療，以及有毒的食物等等。總而言之，你完全無法確知何時會死。就如龍樹菩薩所說的：「**讓人死亡的情境為數眾多，有益生命的助緣則屬少數。**」因此，請你持續不斷地修持佛法。

另外的省思，則牽涉到要思惟臨終時刻的不可避免，同時要問問那時有什麼是能幫助你的。真正的答案是，只有我們的佛法修持能真正協助自己，除此之外，別無他法。當我們臨終時，身體和財物會變得如何呢？無論擁有多少，我們甚至連一根針都帶不走。不管我們有多少的朋友、家人或員工，他們之中沒有任何人能伴隨我們。我們的身體也會被留下，之後遭到拋離。唯一會陪伴我們這個心的，只有心自己的善與惡、善德與不善德。認真地考量這點，正如有人說：「有情眾生在臨終時，除了善與惡，沒有其他能夠陪伴的。仔細權衡這個事實，並且做出正確的選擇。」

蔣貢·康楚對於這個省思總結如下：「**既然事情如此，我了解到沒有別的事物能幫助我面對臨終之際、死亡之後，以及我的所有生生世世。神聖的佛法是唯一真正的利益，沒有別的能與之相比。因此，從今天開始，我要全心全意地將自己投身於修持這崇高的法教。**」這就是此思惟的整個目的：決心從今天開始，盡力修持佛法。

思惟下三道之苦

接著是思惟下三道諸苦。我們都會死亡，這點是可以確定的，但是這並非終點。我們還會投生，且無法直接選擇要投胎何處。我們自己的善行或惡行，將會驅使我們投生善趣（上三道）或惡趣（下三道）。

地獄道眾生的壽命極為長久，比起人類來說更為長久。於地獄道中，那些種種的折磨是無法逃離的。在地獄道的最高層（第一層），屍體會燃燒起火。在某些地方，你會掉入腐臭爛水或熔解金屬的沼池中。在那裡會有小型動物啃噬你的鮮肉，將它一片片地剝下，身體的其他部分則仍持續燃燒。其次，還有惡意的眾生，在你每次好不容易將頭冒出水面時，便把你推入沼池之中。數不盡的恐怖動物，例如蛇類和懷恨的食肉動物，各處咆哮，每當你恢復意識之後，牠們就再度將你宰殺。這還只不過是地獄道最高層的待遇而已，往下的每一層只有更糟，直到最下一層，也就是八熱地獄[12]第八層的「無間地獄」，在那裡的痛苦令人難以忍受。

另外，也有八寒地獄，在那裡你會全身凍僵——皮膚起疱，而變得滿是尚未結疤的凍瘡，並且流出膿水；身體像是凋萎的蓮花般衰敗，裂成碎片；八寒地獄[13]的每一層都會愈來愈冷。四個方位還各有進一步的折磨：燃燒餘燼的地窖（煻煨坑）、腐爛屍體的泥沼（屍糞泥）、滿是利劍的路徑（利刃原），以及充滿刀葉的森林（劍葉林）。在這些暫時性的近邊地獄（遊增地獄）中所受的痛苦，都是在苦過一段時間之後會有些許緩解，其後又再度遭到折磨。[14]可想而知，地獄道的眾生經歷著無盡的痛苦。要思惟這些惡趣各處，以及其中眾生所承擔的痛苦型態。

其次，則要思惟若成為餓鬼道的眾生會是如何。有些餓鬼住在閻摩界（realm of Yama）的地面之下，其他則住在地球表面，各處飛行。在《正法念處經》（*The Application of Mindfulness*）中，佛陀提到三十六種餓鬼。[15] 在此，我將討論其中的三種。第一種是有著外在遮障的餓鬼，他們總是將食物和飲料看成腐敗的、有毒的或污穢的，因此都無法享用。他們可能遠遠地看到有水，但是一旦靠近時，便發現那些水早已枯竭。他們可能看見水果掛在樹上，但都受到看守，以至於無法摘取任何果實。他們的情況，本質上來說就是沒有機會可享用任何東西。他們不斷在渴求，卻從未能獲得想望的事物。

第二種是有著內在遮障的餓鬼，他們無法享用食物和飲料。龍樹菩薩在《致友人書》（*A Letter to a Friend*）中說道，這些餓鬼會覺得自己的嘴巴細小如針孔，腹部龐大如山谷。即使他們有辦法讓一丁點的食物進入喉嚨中，也沒有助益，因為他們是如此地極度飢餓。所有東西看來都骯髒而污穢，他們毫無感到滿足的機會。

第三種是對食物和飲料有遮障的餓鬼。無論他們吃到什麼東西，馬上都會變成火焰，並且燃燒腹部。有些餓鬼無法吃下任何正常的食物，他們只吃得下糞便，也只飲得下尿水。他們一直感到飢渴，永遠都在尋找，疲倦不堪而體力耗盡。他們沒有衣物，並且感到燒傷、飢餓、窮困、壓力，也因強烈的惱悶而感到痛苦。餓鬼道眾生的平均壽命為一萬五千年。

當我們思及畜生道眾生，要先想想那些住在深海之中和大地之上的動物。在大海的深處，對誰來說都沒有固定的家，那裡的眾生並不住在任何特定的地方，而是隨時受到潮流的影響而移動，根本無法確定將會置身於何處。牠們不斷地互相殘殺，體型較大的動物吃體型較小的動物，後者再去啖食更加微小的動物。牠們隨時都受恐懼和焦慮之苦，因為無法預知未來將會如何。在大海的各處之中，沒有誰能感到安然自在。

住在大地之上的動物，有的野生，有的豢養。野生的動物總是遭到獵捕，沒有一個地方是安全的，隨時都害怕會被誰飛撲在地，然後被吃掉。豢養的動物則是用來騎乘或載貨，或養大就殺來割皮、取肉。這些家畜、家禽所受的痛苦令人難以置信，牠們唯一的選擇就是想辦法忍受。這些痛苦真的難以忍受，但是牠們無法以言語表達痛苦，也無法逃離而改變情況。

當我們真正、實際地思惟這些情況，我們有辦法確定自己不會投生於這些惡趣，而不成為地獄道、餓鬼道、畜生道中的眾生嗎？事實上，我們根本沒有信心能免於這樣的投生。誰都無法保證自己不會如此，不論是誰投生於惡趣，都會經歷這些痛苦，根本無路可逃。想想這個，看來也只有唯一的選擇：從現在起，我下定決心要真實地修持正法。

思惟業果

下一個思惟是有關我們的行為結果。佛陀於《百業經》（*The Sutra of One Hundred Karmas*）中說，「業」（karma）是無數種類有情眾生的生起之因，它包括無量型態的種種行為。業行和業果很難給予特定的定義，這是很難有標準答案的主題。

「業」可能有種種的型態，任何讓人感到舒適或不舒適、自在或不自在的狀態，都是來自於先前所造的惡業或善業，而非其他的原因。善行的結果即是愉快和舒適的經歷；惡行的結果即是苦痛或焦慮的經歷。「業」就如播撒在田地的種子：播下的種子是什麼，長出來的東西就是什麼。當我們做了好事或壞事，不論多麼細小或微不足道，它都會慢慢地改變，結果可能是百倍、千倍的效益。因此，任何特定行為的結果，都可能極為重要。

另一個重點是，「業」不會消失，一旦做了什麼事，無論善惡、大小，都一定會成熟，除非用解藥來消除，就算時間過去，它也不會突然不見。「業」的另一個層面是，我們所遇到的任何情境，都不可能沒有過去的業緣。進一步來說，只有我們會經歷到自己過去所造業的成熟之果，其他人則不會。佛陀曾說：「**你不會遇見什麼是你未曾造出的，而你所做的任何事，也絕不會消逝無蹤。對於你該採納或拒絕什麼，謹慎為要。**」當我們想到這個，便會想要更加小心地避免惡行，並且採取善行。

主要有十種惡行要考量。第一是因為貪愛、瞋恨或愚癡而奪取其他有情的生命，無論是（身分地位）崇高或低下的有情皆然。第二是未經給予而拿取；包括用武力強取，如搶劫，或經由欺瞞，如盜賊的偷竊；假若商業獲利來自於詐欺，這也屬於欺瞞的一種。第三項惡行是邪淫，包括和已另有承諾者或受佛法監護者（出家眾）發生關係。這是三項由「身」的行為所造的惡業。

其後是四項經由「語」所造的惡業：說不實之話（妄語）；直接、間接或偷偷的挑撥離間（兩舌）；直接、間接或隱含的惡劣言辭（惡口）；最後一個是綺語，包括完全錯誤的、庸俗的，以及非常沒有意義的閒言閒語。

三項經由「意」所造的惡業是：為自己、他人，或為自己與他人雙方而貪求、執取某物（貪）；由於憎恨、嫉妒或憤怒而心懷惡意（瞋）；最後是對因果業力、真相或三寶具有不正確的見解（邪見）。這十項一起合稱「十不善行」，其中每一項都帶來各自相應的特定成熟果報；和這十不善行有相反影響的行為就是「十善行」。

當我們主要因為瞋恨而做出這十項不善行時，若是重複多次這些惡行，或對受人所愛的人和聖者犯下此惡行，業果就是將投生於地獄道。若是因為貪欲而造出中等數量的業，或對普通對境造業，結果就是投生為餓鬼。若是因愚癡而造業，或業行數量相對較少，結果是投生為畜生。由於這些行為真的會導致下三道的痛苦，請下定決心用對治方法來淨化這些行為，立誓今後絕不再造此惡業。

和十不善行相對的是從事能帶來善果的十善行。我們不只要斷絕十惡行，還要從事善業：救助生命，慷慨布施，行為正當；話語真誠、溫和、體貼，並且有意義；化解敵意，少有貪執。藉由這些行為，能讓人感到知足，更加仁慈，相信業報，並且培養對三寶的三類信心（threefold trust）[16]。

我們未來的投生將依據自己善行的強度、等級和數量。在上三道來說，較高層可能生為天人；較低層可能生為人；假如善、惡混合在一起，則會生為阿修羅。現在要如此思惟的原因，是為了清楚地了解到：這十善行是所有幸福快樂的因。我們應下定決心永不忘失，並盡可能地修習和行持。

我先前提過「道」的基石是信任與出離心。「四思量」就是大家所知的「四轉念」，它有明確的用意，不只是要讓我們思惟並感覺不好；它真正的目的是幫助我們培養出離心，當我們思惟這「四思量」時，出離心便會自然生起，真正的出離心表示我們決心脫離輪迴。出離心不會在沒有任何努力之下便自然到來，因此，我們需要花時間在思惟這些事情上。若能反覆、用心地思惟，想著：「在惡趣會是什麼情況？」你終將誠摯地冀求出離，這就是此處的目的。

「四思量」的教導到此圓滿。

皈依

要培養信任和虔誠，除了「四思量」之外，還有皈依的教導。若想脫離下三道的投生以及無邊的苦受，就必須皈依於有能力解脫我們的人。我們無法自己解脫，有情不具有將自己從下三道拉拔出來的能力；此外，向凡俗個人或甚至如梵天、帝釋天等天人尋求幫助，也是無濟於事。如《大涅槃經》（*The Great Nirvana Sutra*）中所述：「**皈依三寶，你將超越恐懼**」，這恐懼是指對惡趣的恐懼。這就是我們皈依三寶的原因。

首先，要清晰感覺到證悟身、語、意之代表聖眾已然現前，並讓此感覺穩固。要記住，在我們面前的聖眾只是所依緣，我們實際所皈依的是了悟的功德。以這種了解來看，珍貴的佛陀是三寶的總集，「佛」代表法身、報身、化身，是體現三身的本體；神聖微妙之「法」，是包含陳述（所說）和實證（所證）的法；「僧」則是具有此了悟者，這是三寶的真實意義。此外，我們也要視佛為師，視法為道，視僧伽為道上的友伴；而究竟的皈依對境是佛陀全然了悟的存在狀態 。在《究竟一乘寶性論》（*Uttaratantra Shastra*）中提到：「**真實皈依僅為佛**」，「佛」即指覺醒的狀態。

在此，聖救度母是一切皈依對境的總集；換句話說，一切勝者（一切諸佛、菩薩）都涵括在聖救度母這一身相中，她實為般若智慧的體現 。她的「身」是僧伽，「語」是聖法，「意」是佛性，即覺醒的狀態。

想像度母在你面前的虛空之中，安坐在蓮花月輪上[17]，且度母無別於自己的根本上師，如此向她皈依。想像她四周環繞一切三寶，即所有能賜予皈依者。她的右手持著勝施印（施予保護的手印），你自己與需要保護、皈依的其他有情眾生一起，坐在她的右手下方。(18) 她的加持保護你們免於對輪迴的恐懼，特別是投生下三道的恐懼。帶著受到永恆護佑的信心和專注的虔誠，念誦下列皈依偈頌：

南無（頂禮）
上師本尊聖度母、
三寶如海諸聖眾，
自他有情以虔誠，
直至證悟間皈依。

重複念誦此百、千、萬遍，或任何你所決定的次數。

念誦「皈依偈」一定數目後，想像皈依對境（度母）化光融入，加持進入你的心續。其後，純然無任何所緣，住於心無構想（作意）的平等性中。片刻之後，回向功德。這是一般修持皈依的方法。

一般的皈依，也包含何者該避免或持取。例如，在皈依佛之後，要避免向非佛教的教法尋求協助；在皈依法之後，要避免傷害其他的有情；在皈依僧之後，要避免與傳授外道和極端主義者為伴。應遵守的三件事是，尊敬佛、法、僧的象徵物，即使是極微小的亦然，即使是一尊小佛像、一頁經文或一小截法衣，都應當作三寶來禮敬。附屬的修持，則包括將食物的第一部分供養三寶，無論出遊何方，外出前一定頂禮三寶，並鼓勵自己與他人對佛、法、僧有信心。

依此而行，我們即是遵循一般佛教徒的修持。特殊的利益將因這些行為而生起，例如，惡業將確實地逐漸消減並得到淨化。以皈依為進一步修行的支柱（依緣），我們因而逐漸進入愈來愈高的了悟層次，最終證悟並成佛。

此「四思量」和「皈依」涵蓋了基本根器者（下士）的修行。

中等根器者之道（中士之道）

第二部分是中等根器者（中士）的修持步驟，包含兩部分：即思惟輪迴與解脫兩者之因。

思惟輪迴

思惟輪迴也有兩個部分：思索結果——痛苦，以及此痛苦的根源。

一、生苦

對前者，蔣貢．康楚指示我們要有如下的思惟：「**若我能成功地逃脫下三道，那麼生於上三道就足夠了嗎？那肯定不是全然**

無缺的快樂，因為若我再次投生為人，八種痛苦將從我受生之時便開始折磨我。在母親子宮之內，狹窄、黑暗且污穢，時時刻刻都感到不舒適。當母親吃飽時，就像有座山要壓扁我一般；當母親空腹時，我就像吊在懸崖邊一般；我因母親過冷或過熱的飲食而受苦。出生時，感覺就像被迫擠過一個針孔或鐵砧板的孔一樣；出生後，即使被包裹在最柔軟的織物中，也覺得像是被丟進荊棘編成的鳥巢內；當有人抱起我時，感覺就像老鷹用利爪抓住我一般。」

這就是感覺靈敏的嬰兒一開始的所有經驗，這些感覺幾乎是難以忍受的。不斷地思惟：「這是我將出生時的體驗，這是出生的覺受，所有這些痛苦的感覺同時是更多苦難的種子，帶來老、病、死；遇到這些狀況時，激起了更多的情緒。出生是所有負面情緒生起的基礎，出生只帶來從一苦境到另一苦境的無止盡流轉。」

二、老苦

我們還可繼續如下思惟：「其後，隨著年歲增長，又有五種痛苦：一是我的光彩衰減，同時肉身失去光澤，我的肌膚變得污穢，頭髮變得蒼白等等。二是體態變形，牙齒掉了，背部駝了，手腳彎曲，皮肉乾癟。三是我的力量消逝直到無法輕鬆立起身來，又不能舒適地久坐。四是我的感官變得不中用，視力、聽力將會失去。五是我將會失去所有享受的能力，當食物不夠時，總是感到饑餓；吃了太多，又不能消化等等。」這五種不適會伴隨年老而來。

三、病苦

其後還有病痛的苦。「生病時，會有痛苦和苦惱。肌肉組織退化，皮膚變得乾癟，身體的各個部分都會衰敗。生病時，我將失去所有享受的能力，即便是令人愉悅的事物也是如此。我必須經歷痛苦的醫療過程，甚至還有因懼怕失去生命而來之苦惱。」

四、死苦

「當死亡終於來臨時，我將必須和財產、朋友、親人、侍從、雇員，以及能使我歡樂的一切事物分離。我的肉身將被拋下，並將體會強烈的懼怕和焦慮。更甚者，我也會經歷無法保有己物的憂慮，這些包括：資產、聲望、美名、食物、財富、馬匹、牛群等等。即使在我擁有財物之時，我也必須先不斷地辛苦工作來累積財物，並看守它們。無論日夜我都受許多憂慮所困擾，每當出現最微小的損失，就會興起強烈的苦惱。因試圖獲得與尋求尚未擁有的財富、食物、資產而來的痛苦，我必須持續地艱辛努力，即使受到飢渴的折磨，我仍然必須堅持下去；即使要以生命或肢體為代價，我也仍需盡力而為。」

五、怨憎會苦

「此外，還有遇到不欲見者的痛苦，這些包括敵人、你所厭惡的人、復仇者、惡匪、竊賊、野獸等。當其中任何一個突然出現時，當我受轄於反覆無常的地方統治者時，或當富人之僕役行惡時，各式各樣讓人痛苦且不豫之事都可能發生。」

六、愛別離苦

「更甚者，還有和所愛者分離的痛苦，這些包括我的父母、手足、配偶、子女、朋友、追隨者，我對必須無助離開並拋下財產和所有物的那一刻，感到恐懼。我的錢財、物品可能遭到摧毀；我的牛馬、牲口也可能死亡或感染瘟疫。當這些其中任何一樣發生在我所執愛的人身上時，我將會有深深的哀傷。」這一切痛苦都屬於身為人的苦惱。

七、五蘊熾盛苦

我們還可繼續下去：「假如我投生為阿修羅，從我成為阿修羅的那一刻，就開始感到強烈的競爭心和敵意，使我想要競爭和打鬥，特別是針對天人。」由於阿修羅所具有的功德較少，因此和天人的戰役總是輸掉，無可避免地遭到打傷或殺害。阿修羅具有負面的心態，因此他們對修法缺乏信任和興趣。

「假如我投生於天道，會不斷因安適而分心。因為我的壽命是如此長久，我會沒有想要修法的動力。當長壽將盡之時，卻又感到時光只是飛逝而過。若發現到死亡將至的徵兆，我會感到強烈的絕望；我無法在任何地方歇息或安坐，我的花鬘顯得陳舊，衣物顯得骯髒並發臭，我的皮膚出汗，天人朋友和伴侶開始逃避我，他們不想留在我身邊。在我投生到下一世之後，將發現不可避免地投生於較劣等的道，而此一現實令人極端痛苦，幾乎無法忍受。簡而言之，無論我可能生在輪迴的何種狀態，無處具有真正的快樂。」

如同蓮花生大士所言：「**輪迴好似坐於針尖上，絕對沒有真正的快樂；即使有些微小的安適，它也必定總是會改變。**」任何一種身心（遍在的五蘊）所體驗的不好不壞感受也是痛苦的，因為五蘊總是受因緣條件所制約。所有輪迴狀態都毫無例外地充滿痛苦的本質：在下三道有疫疾和種類無窮的邪惡勢力；即使在上三道，也有許多使人苦惱的感受，這些感受之所以令人苦惱，是因為它們即為痛苦之源。

八、求不得苦

甚至在最高的三摩地境界，即色界與無色界的靜慮（梵dhyana ，音譯「禪那」）[19] 境界中，由於愉悅與喜樂會改變，所以也是痛苦的。換句話說，壞苦（變易之苦）遍布在愉悅的感受和所有一切的感受中。因此，「**我要生起獲取解脫、得到自由的希求。在輪迴中，無論我是處在善趣或惡趣，或擁有歡樂或痛苦，或出現敵人或朋友，或具有雙親、子女、地點、身體、享用等等，一切都是不確定的，全都沒有任何是可預知的。不管令我享受的對境是何種，都從未讓人真正滿足。任何我體驗到的痛苦，都必定使我沮喪，然而我卻還未受夠。每次投生，我都得要離棄這個身體，但只不過是一次次的出生。每一種喜樂或悲傷、成功或失敗，無論從高處或從低處（from high or low），我都必須獨自承受。在我所忍受的生、老、病、死這一切痛苦中，沒有朋**

友，也沒有救助者。」

總而言之，多到令人難以忍受的苦難折磨，即是輪迴的特性，這類似於一次次地被扔入火坑或進到死刑犯的囚牢中。若你能開始如此看待一切事物，你將會真誠生起這樣的想法：「我一定要得到解脫！」

思惟痛苦的根源

最後，是關於思惟輪迴存在的結果，並得到輪迴皆苦的結論。接著，我們思惟輪迴的因──痛苦的真正根源。輪迴的痛苦狀態其來有因，它們純粹是因為無可避免的業行果報，此業行本身來自於負面情緒，這些負面情緒被歸為六大類[20]或九結（fetters）[21]，包含八萬四千種不同的心理活動。無論六、九或八萬四千等，都屬於根本的三毒，而這三毒又屬於無法了悟自性的無明。

執取五蘊和實質自我之概念等的遮障，全都衍生自無法了悟自性這基本的遮障。執持有個真實存在、珍貴重要的自我，這是輪迴存在的基本原因之一。有害的見地讓我們產生了對自我的珍愛，而執著自己的身、心、情感、財產，以及某些親近的有情眾生，這引發自大、嫉妒與慳吝。每當預期到有傷害或威脅逼近「我自己」、「我這邊」、「屬於我的人」，攻擊和仇恨便會隨即生起，這種態度向外表現為敵對的行為、暴怒和憎恨；這一切情緒造成不善的業行，進而導致投生在輪迴惡趣中。

善行的結果是投生善趣。還有一種業行稱為「不動業」（nontransferring actions）[22]，其結果是投生於色界和無色界之有漏定（the conditioned meditative states）[23]。所有眾生皆因這輪迴的根源——情緒煩惱，而於輪迴之內流轉。盡一切所能地將自己從這些情緒中解脫出來吧！這是你應該抱持的態度。再三地檢視自心，查看是否出現了造成輪迴的情緒狀態。

解脫

我們已經講完輪迴的起因和結果，接著要講解脫的起因和結果。在這點上，蔣貢．康楚要你思惟如下：「**我想要根除造成輪迴存在的起因，而且要得到完全的解脫。解脫的因是不受制約的智慧，是離於我執、對本然狀態的真正了悟，它能根除一切負面的情緒狀態；這是我要追求的。這個真正智慧的起因是專心一志的三摩地，因此，我需要三摩地的因，也就是全然純淨的出離戒律。所以，現在我將堅守戒律，修持三摩地，並生起真正的智慧，亦即要了解無常、苦、空性和無我的意義，以便將我自己從輪迴中解脫出來。**」這是我們應該確立的發心。

以上講題的總合，即是對中等根器者的前行教授。換句話說，我們要從輪迴、所有輪迴狀態中解脫，輪迴之因就是愚癡、貪愛、瞋恨三毒，我們必須根除這些因。根除愚癡和我執的方法就是由了解無常、苦、空性和無我而來的真正智慧；若要生起如此的信解，我們便需要有無散亂的專注，即三摩地。然而，要有全然專注之心，就需要有對輪迴的出離，所以，戒律、三摩地和無上的智慧是不可或缺的。以如上的了解，此處的修持即是要下定培養這三種特質的決心。

第二章
中勝法：大乘

現在來講解第二部分——中勝法，這是關於大乘和上等根器者或具有高貴發心者（上士）的修持。此修道有兩個層面：一是入門，就是關於「發心」的修持；二是如何擴展和運用此種發心。

要培養高貴的發心，就必須發展一種特定的態度。我已經解釋過為何需要根除輪迴的起因和痛苦，以及為何需要獲得解脫與涅槃。以聲聞或緣覺的方式獲得解脫是有可能的，但還有另一種方式，也就是成佛。佛具有圓滿無瑕的了悟，已完全捨棄對私人利益的自利心，並且示現利益他人的無限事業；佛的真實圓滿證悟，是我們必須獲得的。修持的本身就在於發展高貴的發心，要不間斷地培養對獲得證悟的強烈冀求。

在生起利益他人的發心之後，我們便必須加以擴展。這個修持有兩個部分：思惟因果關係，以及思惟其意義。因果關係就如同康楚所述：「**我想要成佛，獲得圓滿的證悟。為了讓此實現，我必須具有成佛之因，也就是菩提心。悲心是菩提心的因，慈心又是悲心的根，所以我必須培養慈心，而為了培養慈心，我必須認知並希望回報他人的慈愛。因為明白輪迴中每一位有情都曾是自己的父母，所以我想要回報這份慈愛；換句話說，虛空之中所**

有數不盡的有情都是我的雙親。他們每一位都曾經親切待我，而且每一位都想要遠離痛苦。若他們都能離苦得樂，將是多麼美妙的事情！為了要讓他們都能快樂，我就必須成佛。即使我已獲致佛果，我也仍然必須帶領其他每一位眾生直至成佛。」

培養慈心

首先是慈心，其次是悲心，最終是修持菩提心。為了培養慈心，你可以想像自己的母親在前方，然後思惟：「我的慈母生出了現在我所擁有的這個身體，這件費心費力的事，讓她遭遇很多困難和麻煩。她給予我珍貴的生命，照顧我，為了讓我在這世上生存而做了一切必須做的事。她對我的愛甚於對自己的愛，她保護我，她給我所有成長所需的幫助和支持。當危害造成威脅，她保護我，那是偉大的慈愛。若我的母親能快樂並處於真正的安適，那不是太好了嗎？而且不只是我現在的母親，在我數不清的生生世世之中，也都有母親做了完全相同的事，這些慈母們曾給過我類似的幫助與慈愛。這並非僅僅發生過一次，他們除了曾身為我的母親之外，也曾做過我的朋友、愛人、夥伴，這些人全都曾以各種方式幫助過我。想到那曾幫過我的慈愛母親，我現在要回報她的恩慈。」如此，慈心應當會在我們的心中生起，直到它變得清楚而十分明顯。

在你生起對母親的慈心後，將此慈心延伸到包含其他家人、朋友、鄰里、國人等等，直到逐漸含括數十億世界的一切有情。以你對今生母親產生的相同慈心，懷抱一切六道有情。這是第二個層面。

接下來試著如此發心：「**既然這一切有情都曾是我的母親，願他們都能快樂安適。此外，願我能以無誤的方式帶給他們滿足和安適，願我能將他們安立於究竟的快樂中。**」

在此引用《寶鬘論》（梵 *The Ratnavali*；*The Jewel Garland*）所說，關於修慈心的功德：「**相較於以無數方式來慷慨布施食物，片刻的慈心還具有更大的功德。**」在此的要點是，從想像母親和她為你所做的一切開始，其後延伸到包含一切眾生為止。

培養悲心

接著是修悲心。如同思惟自己的慈母，我們接著應該思惟：「**一切有情都是我的母親，他們都希望能幸福和快樂，然而他們卻只經歷著悲慘和痛苦。在下三道，他們體驗來自過去行為的痛苦；在上三道，他們造就其後更多的苦因。假如他們在上三道造了嚴重的惡業，死時將立即墮入地獄道，無處可逃。想到自己的母親會墮入地獄，這實在令人無法忍受。**」一遍又一遍地想像自己的母親投生於地獄道，先是現在的母親，其後從她延伸至包含一切有情。想像她將如何被烈焰吞噬，以及她將如何在寒冷地獄受到寒凍至完全僵硬，想像她將如何在其他地獄道中，遭到種種折磨或被肢解、剁碎等等；如此思惟將產生極大的悲心。其後思惟：「**這些地方的一切有情就是這樣受苦的，而他們都曾是我的母親。**」

同樣地，假如我的母親在餓鬼道挨餓且受疾病折磨，她會有何感受？假如她像動物般遭人監禁、綑綁、毆打、奴役和虐待，又是何種感受？萬一她瞎了，還站在非常陡峭的斷崖邊，且不知道如何前行才不會墜落呢？她不知道怎麼做或如何前進，而且就要落入無底深淵了；一旦她墜落，將無法從痛苦中逃脫。

這是我們修持的方式，藉由反覆想像這些不同的情境，來培養幾乎難以承擔的悲心感受。其後，延伸這種悲心的感覺，從對一人到對眾人，如同我們修習慈心一般。這就是我們延伸悲心，使其更為真摯和真誠的方式，直到我們發起十分誠摯的心意為止。我們思惟：「**我的母親們，也就是六道的一切有情，願我能保護他們全部遠離惡業和痛苦！願我帶領他們全部從輪迴的痛苦中解脫！願我能讓他們全都脫離痛苦和痛苦之因——煩惱！**」

重複這樣的修持，直到這個冀求隨時出現在心中最明顯之處。《觀音讚》(*In Praise of Avalokiteshvara*) 中說：「**若你具備一種品德，而它等同將諸佛所有教法擁有於你掌中，那就是大悲心。**」這提示了發展悲心所帶來的不可思議功德。

首先，檢視自己到底有多少悲心和慈心。體認到自己所具的悲心和慈心都不多之後，要試著發展更多的慈悲心。當感到自己有了稍許慈心和悲心時，便使它愈發持續增長，這是修持的要點。練習放下自私和只對自己的關心；練習「施受法」(Tonglen，自他交換)，不再以自己的需求和利益為主要的關注。

開始平等地看待自己和他人，其次則進行「施受法」，讓他人比自己更重要。方法是送出你的愉悅或快樂，收受他人的痛苦或悲傷。換句話說，做「施受法」的練習，將自己的快樂和他人的痛苦相換。如同寂天菩薩所言：「**除非完全置他人的苦難於己身，否則你將不會獲得證悟；而輪迴中並無快樂。**」假如你不能置己於他人之處，就無法獲得證悟。

蔣貢．康楚解釋如何練習此修持。我們首先要思惟：「**我想**

要快樂，而且不想受苦，其他每個有情也有完全相同的希求，這方面我們都是一樣的，我只是無量有情中的一個。雖然我們同樣都想要快樂，他們應該更重要，因為他們的數量更多。由於他們都是我的母親，我將自己承擔所有他們不想要的痛苦，我應該給予我的母親們所想要的快樂。」

觀想時，要結合呼吸。呼氣時，生起這樣的心態，思惟：「我從無始以來至今所生的一切功德、善業、歡愉、快樂，完全呼出給予眾生。願他們的身與心皆平和安樂！」要有全然的信心，認為他們接收到了。吸氣時，想像他們自無始以來，生生世世所造的一切苦因，即他們的業、負面情緒、惡行、遮障等等，以及隨其而來的痛苦，都完全被吸進並融入自身，這使眾生完全不再有任何苦因和苦果。具有這樣的信心，來進行吸氣和呼氣。這麼做是為了願一切有情獲得快樂，並願他們的所有痛苦在你的身上成熟。這種真誠的練習，即是修持悲心。

修習願菩提心

接著是修習願心（願菩提心）。我們如蔣貢·康楚所述來修習願菩提心，思惟：「願我的雙親、一切有情永遠幸福，願他們永遠離於痛苦；此外，願他們證得圓滿佛果。為了實現這些，首先我必須為了他們而達到真正且全然的覺醒。成佛之後，我將帶領一切眾生脫離輪迴的苦海，毫無例外地安立他們於成佛之境。」這種決心即稱為「願菩提心」。

只要發起堅定的願菩提心，就能最終圓滿自他兩利。它能根除一切個人的缺失，產生所有的善德，而這具有不可思議的利益。《德施所問經》[1]（*The Sutra Requested by Resplendent Generosity*）中提到：「**菩提心福德，假設若有色，遍滿虛空界，福尤過於彼。**」

生起堅定的願心後，必須進而實際修持，培養的方法是永不捨棄幫助其他眾生之願。持取「四白法」（four positive qualities），並且捨棄與其相反的「四黑法」（four negative characteristics），無論日夜都努力增益福德與智慧兩種資糧。

容我進一步解釋何謂「永不捨棄幫助其他眾生之願」，一旦你進入大乘的修道，就永遠不可捨棄任何眾生。絕對不能想著自己不可能獲得證悟，這樣想可能會讓你放棄大乘教法，其後你將完全沉浸於自我當中，反而只做與自己有關之事，這樣做等同於拒斥成佛的主因，無疑是傷害極大的退轉。此外，不要對任何有情生起憤怒──「但願我再也不要遇到你了」或「希望我永遠不會幫你」。最後，絕對不要責打、傷害眾生，或甚至只是對動物、小偷或小如蝨子的生物生起傷害之心。任何類似的行為，都稱為「捨棄眾生的利益」。

「四黑法」是：（一）欺騙任何一位受敬重的人、上師或值得尊敬的人（受供者）。以謊言或任何其他種類的不實來欺騙這樣的人，都極為不好。（二）使某人後悔他不該後悔的事。例如，犯下惡行應該後悔，但是行善則不該後悔。（三）誣衊任何一個已生起菩提心者。對待菩薩，即使是一個毀謗、批評的字眼也不能出口，無論是直接或間接的都一樣。（四）欺騙有情，為了自私的目的而直接說謊，或是巧妙的操縱誤導。不要玩弄伎倆誤導他人，甚至在做買賣時也不要偷斤減兩。這些都有很不好的報應。

拒絕以上這些，並行持相反的行為，就稱為「四白法」，意指：(一)做人真誠，並且避免欺騙他人，即使是以自己的生命為代價亦然。(二)嘗試將一切眾生安置在自己的功德之中，尤其是菩提心之內，努力讓他們具有更多的大乘善根。(三)視一切已發菩提心者皆為真正的老師、佛陀，並且一直讚歎他們的功德。(四)絕對不要欺瞞另一位眾生，總是以高貴的發心為出發點，不辭勞苦地利益他人。並且，盡己所能地由身、語、意的活動來累積功德。致力於聞、思、修，並修持真正能累積智慧的教法。這些就是我們應該力行的願菩提心的修持。

修習行菩提心

遵守四攝法

生起願心之後，接著是行持的決心──行菩提心，這有兩個層面：一般(共)的和特殊(不共)的修持。單單希望獲得全然的證悟是不夠的，我們還需要修持能帶來證悟的作為或事業。這些事業的數量眾多且範圍廣大，然而其精要即是「六波羅密」(六度)和「四攝法」(four means of magnetizing)。明確地下定決心，藉由這些修持，「我將開展菩薩行，為所有眾生證得了悟。」

其次，下定決心遵守「四攝法」。這在 *The Lotus Mound* [2] 一經中有敘述：「**以布施之扇欣然召喚眾生；以愉悅之語歡迎他們；以具深義之行讓他們安適；並且持續給予他們建議忠告。**」[3] 簡而言之，即是用言語教導，並親身力行所言，使其接受教法。上述四句話同時包含了「六波羅密」和「四攝法」。一言以蔽之，我們要立誓不斷行持六波羅密；不是在未來某一刻才開始，而是從現在就開始。這是非常重要的決心。

接著，是如何生起菩薩的誓言（受持菩薩戒）。首先，在上師或聖物面前立誓。每天重複誓言三次或其他固定次數，直到累積十萬遍為止。觀想在面前虛空中，聖救度母栩栩如生地顯現，有如親臨，她的周圍環繞一切諸佛菩薩；你以聖眾為見證，立誓要證得圓滿開悟。為了一切有情眾生，以此誓言為你的願望，也是行持的依據，在不忘失此點的同時，複誦下列語句：

吙（HO），
為使如母諸有情
皆能達至證悟境，
棄惡行且聚善德，
恆發利他菩提心。

以任何適當的次數複誦此偈。結束課修時，全然免除任何心的造作，無論是證悟的目標，或正在發起菩薩誓言的個人，或發誓的行為等等，接著安住於平等性中，這稱為「以究竟（勝義）菩提心為相對（世俗）菩提心之封印」。換句話說，單純安住於究竟菩提心的狀態中。最後，以回向結束課修。

修習六波羅密

在行菩提心的修持中，於生起為證悟而實際修道的決心之後，我們必須經歷特定的修持，這些可精簡為阿底峽尊者在《菩提道燈論》（*Lamp for the Path to Enlightenment*）中所述的「三勝學處」：「**若要總論行菩提心的本質，即是要以對戒、定和慧的虔信，全然獻身於這三種修持。**」

「戒」的學處包括布施、持戒與忍辱波羅密；「定」的學處包括第五波羅密──靜慮；「慧」的學處就是第六波羅密──出世的智慧；第四波羅密的精進，是這三種學處的依緣。《莊嚴經論》（*The Ornament of the Sutras*）[4] 中說：「**勝者曾明白教導，三學處即是六波羅密。前面三個波羅密為第一個學處，最後兩個波羅密各為一個學處，第四波羅密則含於所有三種學處中。**」

六波羅密包含了要獲得證悟的每一個不可或缺的行止，如同佛陀在《蘇婆呼童子所問經》（*The Sutra Requested by Subahu*）中所教導：「**蘇婆呼！一位想要迅速證得真實、圓滿證悟的大菩薩，應該持續不斷地徹底修持六波羅密。**」六波羅密是能投生善趣、解脫、證悟的直接原因。

若想出生在高貴人家，就要慷慨布施。若想投生善趣，就要持守淨戒。若想擁有眾多的追隨者，就要安忍耐心。若想得到解脫和證悟的確實善德，就要精進增長善德。修習靜慮，這是「止」的因。修習智慧，這是「觀」的因。

想要能逐漸地進步，首先就得修習較容易的波羅密，其後是較微妙的波羅密。要發下誓願：「**為了成佛，從善趣的修持到解脫的確實善德之間，我將從較簡單的漸進至較困難的，如此致力於六波羅密。**」這是我們的誓願。

六波羅密也能包含在如下的兩種積聚之中：布施和持戒屬於積聚福德；般若（智慧）是積聚智慧；忍辱、靜慮、精進三者，則同時包含在這兩種積聚之中。前五波羅密皆減弱與其相反的惡緣、逆緣，並增進離念的覺醒，讓你達成想獲得的一切目標，並具有利益眾生的四種功德。

接著，所要講的是很重要的，前五波羅密必須要包含在第六波羅密中，也就是在不以概念思惟三界的智慧中，即離念的智慧中；否則，將無法成為獲得證悟的因。當你將每一波羅密都包含於出世的智慧中，這時才是真正的「波羅密」，「波羅密」的意思即是「出世的」。這樣，你將獲得遍知的佛果境界。

大乘經典《集經論》（*The Compendium*）中說：「**盲人一開始需要至少一位嚮導來指引方向。第六波羅密就像眼睛，能看得到並且引領其他波羅密至證悟之城。要如是將前五個波羅密包含於出世的智慧中，否則便無法到達圓滿的證悟之城。**」

因此，我們應當依此立誓：「**我將盡我所能，不間斷且持之以恆地修習布施與其他波羅密。無論我做什麼，我都將正確地發心，其後修行，最終適切地歸結回向。但同時特別重要的是，在一切行持之中，我都不離無誤的智慧，即不以概念思惟所處的三界。我將為利益眾生而積聚兩種資糧，我將修持每一波羅密，確保它們具有這四種圓滿功德。更進一步地說，在不以概念思惟三界的狀態中，我將持續以一切皆如幻相的了悟，來從事所有的活動。**」這就是我們的誓願，我們的修持便應依此誓而精進。

簡而言之，用「六波羅密」和「四攝法」來行持願菩提心。

一、布施波羅密

然而，單單知道「六波羅密」的名字是不夠的，我們還應該要知道它們的實際意涵。我將個別說明，以下的解釋可以分成三部分。前四個波羅密是簡短討論，後兩者（靜慮和般若）則會較為詳細。

修持行菩提心，首先就是「布施波羅密」。布施有三個層面，首先是布施實物的財施，是給予任何需要的人食物、衣服、金錢、物品、生活必需品或任何他們缺乏的東西。這應該根據你最大的能力，以清淨的發心和適當的實物而行。我們的布施往往在動機或發心上是有缺失的，但以清淨的心無執著地布施，卻是重要的。布施的行為必須圓滿。

接著是無畏施——移除恐懼或憂慮，藉由給予他人救助而行之，使其免於疾病、毒藥、毒素、戰爭、武器、山林大火、洪水、惡獸攻擊。此外，還有幫助減輕險路行人和監獄犯人的恐懼。在類似這些的狀況中拯救他人，即是布施的一種形式，在於解除他們的不安和恐懼。

最後是法施——施予真相。若你有能力教導佛法並解釋教法，使他人能獲得解脫，就應如是而行，但是不可有任何希求聲譽、名望或個人私利的想法。若你沒有能力教導，就應該直接高聲誦讀佛語，使人、非人等皆能聽聞。

二、持戒波羅密

第二個波羅密為持戒波羅密，它也有三個層面。首先是約束自己不要從事具有傷害性的行為，在此包括兩種不當的行為：一是本身涉及十不善行。你也許會說這些本來就是犯戒，但這其中還有違背自己所立誓言的過失，也就是說，違反任何種類的誓言都是不好的，無論你是受持六種別解脫戒（pratimoksha）[5] 中的哪一種，或兩類菩薩戒 [6] 中的哪一類，或續部三昧耶戒 [7] 中的根本戒或支分戒，你都要避免違犯此類的戒，這就是第一種持戒。

第二種持戒，是藉由身、語、意的努力來創造善德，其大小並不重要，只要盡力而為即可。

最後一個戒律，是要幫助眾生，為他人福祉而努力。這類無上的發心有許多形式，包括直接的、間接的，就是要讓你和其他一切眾生都處於善德、利益之中。

三、忍辱波羅密

第三個波羅密是忍辱，也有三種。第一種忍辱是忍耐，不因受傷害而被激怒。假如被毆打、傷害、搶劫或擊敗，或被難聽的言語所辱罵，不要用憤怒或仇恨來反擊，反而要培養慈心。

第二種是在尋求教法或修持時，對艱難困苦都甘之如飴的忍辱。在實修教法時，可能會有太熱、太冷、飢餓、口渴或疲憊的情況，不要失去勇氣，相反地，要更堅強。

第三種忍辱是全然開放的信心。聽到過去諸佛菩薩的決心或不可思議的偉大功德時，或聽聞空性本質或甚深方便法門時，不要感到畏懼或羞怯，聽聞時應不斷心生歡喜和愉悅。過去有某些阿羅漢在聽到「一切皆不存在，都是幻相」的空性義理時，他們因抗拒而昏厥，根本不願聽到這些。同樣地，要以一顆開放的心來聽聞佛陀的過去世──他投生劣道的五百世、投生善道的五百世，以及他在完全成佛前於所有過去世的一切作為，來取代立即關上心房說：「不可能的，那沒有任何意義。」反而應該要有信心，並且這樣想：「啊！也許這是很有益的。」此外，對於其他的教導，例如甚深的空性，不要馬上拒絕它，而要生起無偏執的信心。無畏於甚深的真相，這就是第三種忍辱。

四、精進波羅密

接著是精進或勤奮努力，也有三種。第一種是如盔甲般的精進，意思是修行時不要小看微小善行的重要性，而認為：「這不是必要的，這不重要。」同樣地，對一項偉大的修持，不要喪失勇氣或認為：「我做不到，這完全超乎我的能力。」而要真誠愉悅地修持任何善行，不管是何種善行。

第二種是持續實踐的精進，當修持任何真實善行時，不要屈從於懶惰或散亂，而要代之以恆心。

第三種是從不退轉的精進，就是即便修行沒有馬上產生徵兆，也不失去信心或勇氣。相反地，能明白修行的價值，並且堅持直到最後結果。

此處的修持，就是立誓：「**我將盡我最大能力來修持這四個波羅密。**」

五、靜慮波羅密

有所緣的「止」

以下要更詳細地解釋第二部分，也就是第五個波羅密——靜慮。這有兩個層面：能生起靜慮的因，以及靜慮本身。

由於「靜慮」和「止」具有完全相同的本質，以下是談到如何建立所緣，也就是生起靜慮的因。尋找一個安靜的處所，讓自身遠離會使人分心的一切。此外，讓自己的心遠離概念性的思惟。小孩、配偶、朋友、追隨者都會使人分心，這些基本上就是一切眾生。此外，會讓人分心的還有食物、天氣、榮譽、利益、讚美、名氣與聲望，執著其中任何一項都是分心。由於這個緣故，在一部佛經中，佛陀教導了執著讓人分心於事物的二十項缺失，[8] 分心的壞處是會使得你的心無法維持純然的放鬆。使人分心的事物，即是每當你試圖平靜坐下時，能讓你注意力分散的事物，它們攫取你的注意力，並且把你從修持中拉開，這就是使人分心事物的定義。

所謂偏遠的地方（蘭若或寂靜處），就是沒有這些讓人分心事物的處所。棄絕這些讓人分心的事物後，獨自留在一個偏遠之處隱居。藏文的「偏遠之處」其實稱為「gompa」（音譯「貢巴」），現在人們往往將寺院稱為「貢巴」，其實「貢巴」是指一個遠離城市或村落的地方，或至少和人們聚居處有一定距離的地方。佛陀曾教導隱居的益處，它能使三摩地在心續中迅速生起，因為當你處於偏遠的地方時，便能將身和語用於善行和修持中。然而，假如你在身體和言語上讓自己多所忙碌，或從事不善和無意義的活動，即使獨自一人住在僻靜處，也不會帶來很多利益，你只是讓分心多了個稱號而已。即使捨棄全部這些，我們也能用各式各樣的想法，讓自己的心受情緒所擾，而遭到細微或粗重的念頭所纏。捨棄這些吧！不要有任何形式的分心，專一心志地修習「止」和靜慮，三摩地會因而在你的心續中生起。以上是預備的工作。

現在是禪那或靜慮的實際修持：首先藉由第一種靜慮——安住實相（actuality）的靜慮——來開展。在今生當下就修，而不是等到未來某一世才修持，這是藉由發展身與心的柔順度來達成。在此，要落實某些身體的和心理的要訣，首先是姿勢。

擺放身體有兩種方法：一種是著力的，另一種是輕鬆的，這兩種身體姿勢在大手印和大圓滿（兩者基本上是相同的）中都有用到。輕鬆的姿勢是指以菩薩坐姿讓雙腿鬆盤，雙手隨意放置膝上，這稱為「如意坐」，不過於緊繃也不過於放鬆。

有意的或著力的姿勢如「毗盧遮那七支坐」所述，有七個要點。首先，（一）以金剛跏趺為坐姿（這也通稱「全蓮花坐」）；（二）立直脊椎如大柱，讓每一節脊椎直接在另一節之上，完全地直立；（三）舒展雙肩如同鷹翼；（四）且讓頸部微彎如鉤；（五）舌頭保持輕觸上顎；（六）唇齒微分；（七）將視線以四十五度角定於鼻尖方向。

我們為何要以特定的身體姿勢來修持，這是有原因的。維持禪修的姿勢，將影響能量氣流，這包括五大和兩萬一千六百的小氣流。五大氣流即指上行氣、下清氣（下行氣）、平住氣、持命氣和遍行氣。當金剛身的主要節點受到啟動，這五大氣流自動變為智慧氣，也就是本覺的風息，這和其後肉身如何化為虹光有關。「毗盧遮那七支坐」的每一部分，都另有很多其他的原因，主要是與其影響風息功能的特定方式，以及其和風息的直接互動有關。當然，我們可以詳盡地學習所有這些，不過主要的益處就是成就虹光身。

在口授的傳承中有提到，當身軀挺直時，氣脈就會直；當氣脈皆直時，能量氣流就能自由流動；當氣流無礙流動時，心的狀態就停住於本然之中。身體姿勢能直接影響你心的狀態，當所有能量氣流在一特定姿勢中無礙流動時，就稱為「身蘭若」（the solitude of body）。當我們停止所有語音表達，以特定的流暢呼吸方式維持靜默，這就稱為「語蘭若」(the solitude of speech)。能量氣流又稱「業風」(karma winds)，和我們的心以及思想活動交互連結，思想活動包含所有善良的和邪惡的、愉快的和不愉快的、希望和恐懼等等的概念。當此特定身體姿勢影響到氣流的流動，心境安住於本然之中，就稱為「意蘭若」(the solitude of mind)。將三者合在一起，即稱為「身、語、意的三蘭若」(the threefold solitude of body, speech and mind)。

這些都和實際安置和擺放身體的姿勢有關。不要太緊，也不要太鬆，在兩者之間找到平衡點。

在此，開始禪修的方式是利用一個可聚集注意力的所緣之境。最終，你能進步到不需要所緣，安住於無所緣的靜慮中。

首先將聖救度母作為所緣，畫像或塑像的形式皆可，但應當具有正確的比例和良好的品質。將塑像或畫像置於面前，以便能將注意力集中在度母的形象上。假如你沒有實體的塑像或畫像，則可直接觀想度母的樣貌。如同伏藏本文中所述：

> **尤要直身除濁氣**(特別是要挺直身體，排除濁氣)。
> **專注面前虛空內**(你的專注點為面前虛空中的度母身相)，
> **度母無別汝上師**(她與你的上師無二無別)。

上師的本質以度母的樣貌顯現，度母身色為綠色，如同最純淨的綠寶石般，明亮、清晰，散發著光芒，周圍有照向十方的五彩光芒所環繞。度母安詳微笑，右臂前伸，右手結持勝施印置於右膝上；左手在胸前以拇指和無名指握著一株藍色蓮花的花莖，蓮花盛開在她的左耳際。她的頭髮鬆盤，部分頭髮結成髮辮以閃耀的巨大珠寶繫在頭上，其餘頭髮則流瀉於背部。她穿戴各式珠寶，首先是頭冠上有各種珠寶裝飾，還戴有耳環、項鏈、手鐲、踝環和珠寶腰帶；絲衣包括上衣和下衣。她的右足微伸，左足微屈，端坐於白蓮月輪上。這是觀想度母的方法。

這個特定修持是由諸佛所傳，能幫助你集中注意力，並成就心的止靜。還有其他能用的方法，不過這是一種獨特的方法，也就是以如度母等證悟者的樣貌作為專注的所緣。這和修持觀想是不同的，觀想時有三個原則：穩固佛慢、尊身明顯、憶念淨相，而在此的意象則是要幫助你不受其他事物所擾。僅僅將你的注意力停留在（度母的）樣貌上，不要思索這是對或錯、好或壞。

蔣貢・康楚解釋，你只是藉此為取得注意力的所緣，不要憂慮它是生動的、黯淡的、精確的或模糊的、心是否安住等等，你應當捨棄像這樣的一切希望、恐懼、憂慮或擔心。只要保持觀照，護衛自心，不要分散或遊蕩。

當你的心既不昏沉，也不掉舉，而是沉穩時，將視線放在度母心間中央的高度，單純安住於平等性中。假如昏沉、打瞌睡或模糊昏昧的情況變得較明顯，則將你的注意力提升到度母的眉間，然後就專注於該處。假如你覺得掉舉和散亂時，想像一個藍色小明點在度母的臍處，並且略微調低你的視線。無論何種情況，都讓你的心、眼、呼吸一致維持在不散亂的專注，就像穿針引線時一般。如此集中注意力，就會有一心不亂的專注產生。練習的時間可短，但要重複多次。當你發現注意力遊蕩他處，就把它帶回來，並讓它再次安住。重複這樣的練習，最終將可獲得專注。一旦獲得專注，就維持那個狀態，毫不散亂、十分放鬆、自然的狀態，能維持多久就留守多久。結束這一座課修時，想像身前的度母樣貌化光融入自己，因而上師、度母的心和自心成為不可分別的一味，其後住於平等性中。

這種練習方法的重點是時間短、次數多。每當你感到昏沉和疲倦時，提升視線並想像在度母雙眼間有個白色小明點；當你感到受干擾或煩亂時，降低視線並想像在度母臍間有個藍色小明點；當你既不散亂也無昏沉時，只要將視線停留在度母心間的高度即可。如此練習，你將能培養心的平靜。課座終了的方式和先前一樣，安住平等性中，全然離於對三界的一切心理構想，就像稍早解釋過的那般。

有所緣的「止」到此結束。

無所緣的「止」

在前一段落，我解釋了如何運用聖救度母的樣貌，來幫助培養不散亂的靜慮，下一個訓練則是要培養不用任何所緣的靜慮。

蔣貢．康楚在此繼續解釋，若想培養無所緣的靜慮，便要採取像先前修持一樣的姿勢，呼出濁氣，然後心裡沒有任何意念，而代之以單純打斷任何關於三時（過去、現在、未來）的想法。也就是說，不要反覆思量過去所發生的，也不要計畫或期待未來可能發生的一切，且不應試圖改進、修正、調整你現在這一刻的覺性；不要試著清除什麼或鼓勵什麼，單純地維持清醒、不散亂的覺性。要點在於維持不散亂，什麼也不要做。

我先前提過：當你感覺昏沉時，應當提升視線到度母的兩眼之間；當你感覺躁動時，可以降低視線到臍處；當你感覺達到平穩時，讓視線停留在度母心間。在此，你可以繼續提高或降低視線，但是無須想著其他所緣，重點是只要讓你的覺性非常溫和與寧靜。每次你這樣做時，思緒之流或念頭的牽連纏繞就被打斷了。當你分心時，只需再次回來同樣安住。像這樣一遍遍地練習，但是不要做到讓自己開始覺得厭煩。

以這樣的練習，有時你會因眼睛看到東西或耳朵聽到聲音而產生思緒；感官經驗基於五根（譯按：眼、耳、鼻、舌、身）而產生，這會激發思緒。若發生這些之時，不要跟隨思緒，而要將注意力留於原處。不管你看到或聽到什麼，都將其當作是所緣，讓注意力停留其上，而不是飛竄到下一件事情上。這樣做的話，一切聲音、影像或其他可能的分心事物，都可當成讓自心寧靜、平穩的所緣。

當你變得太過浮躁、分心或煩亂時，或對修持感到無聊或疲倦時，不要試圖鎮定自心或阻止它變得煩亂。假如心突然變得很煩亂，且去想別的事情，就讓注意力到那裡去；但是不管注意力去了哪裡，都要讓它停留在那上面，而不是又跳到第二個或第三個主題上。在某種程度上，你容許思緒生起，但是不要跳至下一個思緒；單純地對你的所思所想保持覺察。這樣做，你就是在「安住於生起的一切」以及「想到某事後，再安住其上」之間交替。

通常在這樣的修持中，你會在專注和放鬆間來回交替，這兩者間會有些波動。當你增加熟練度後，在太過專注（或緊繃）或太過放鬆之間就沒有那麼多波動了，你培養出更為平衡的方式來保持覺性。一旦達到這個境界，你會經歷幾個階段，這裡提到了其中的三個階段：第一個像山上的瀑布，第二個像平靜的河流，第三個像無波的海洋。起初會感到念頭不停地流動，某種程度上是狂暴的——來了一個、其後下一個，接著下一個、再來下一個、又是下一個，毫不停歇。你會想：「我真的如此思緒紛擾、無有空閒嗎？我以前從來沒有這樣多的念頭。」在禪修時，你會發現自己的心裡轉了這麼多念頭，它通常就是這樣，並不是因為你開始禪修才發生。現在，你終於察覺到一直在那裡的思緒之流，這是「止」的第一階段體驗。你只要放下它，並且持續練習，它就會減弱，變成緩流，這是第二階段。最後念頭會變得愈來愈少、愈來愈少，直到心變得像平靜無波的大海。

到此之前的修持，是為隨後的禪修種下根基或奠定基礎。你如此訓練自己後，「定」（三摩地）、「觀」等便因而變得可行，因為所有此後的不同修持，都有個可以生長的根基或平臺。到此之前的教導屬於第一種的禪那。

第二種的靜慮是「引發功德靜慮」（the dhyana that produces the virtuous qualities），這意指你在禪修時想追求的一切目標。所有可生起殊勝功德的這些定境──「解脫」（emancipations）、「降伏」（subjugations）、「感知界」（perception spheres）、「整體」（totalities）等等，都因你打好基礎而變得可能。

第三種靜慮稱為「饒益有情靜慮」（the dhyana that accomplishes the welfare of sentient beings），這和三摩地、預知力、神通力有關，藉由這些你便能確實幫助他人。在培養第二種和第三種靜慮之前，都需要先熟練第一種靜慮。

六、般若波羅密

現在我們來到第六個波羅密──般若（藏 sherab；梵 prajña，智慧）。請了解「般若」在本質上和諸佛的覺醒的境界是完全相同的，它是能全然看清一切現象的智慧，在這一點上，它和覺醒狀態是相同的。它因積聚福德資糧而顯現，如同寂天菩薩所說：「**一切諸佛所教，正是為了般若。**」蔣貢．康楚將開示分成兩個主題：發心和應用。

「發心」有三個部分：開始是究竟的智慧，就是對空性這本然狀態的了悟；接著是相對的智慧，是明確了解所有可知事物為何有其面貌、因果和緣起間的關連；第三是如何利益眾生的智慧，包含如何實行四攝法等等。

「應用」也被分為三個部分：第一是「人無我」（個人自性不存在）的修持；其後是「法無我」（現象或事物無自性）的修持；最後是充滿大悲的空性修持，或具有悲心的空性修持。所有偉大論著和經典都教導同樣的東西，這稱為「在見地中確立了義」（establishing certainty in the view），這是種必須了解的智慧。

關於這些主題還有很多可學習的，但是我們現在要修持的是其中一種般若——如何生起「觀」的覺性。

觀——探察事物的自性

在這個教導中，「觀」的智慧是由了悟本然狀態而生，這種「觀」是一種了解事物本然狀態後隨之而來的智慧。我將依照阿底峽尊者所採納的方式，來解說如何了悟事物的自性。這個修持的要旨其實正是完全生起的「觀」的智慧，一旦你了解這點，就能真正地修習「觀」。這個修持有兩個層面：探察事物的自性究竟為何，其後安住於本然狀態中。

探察有三個層面：首先，檢視所感知的對境（所知）；其次，檢視正感知的內心（能知），最後是探究這個心的本性或本質。

關於檢視所感知的對境，佛陀在《楞伽經》(*Lankavatara Sutra*) 中說：「**受習性翻攪的心，看來好像是許多不同的對境，其實這些不是對境，而是心的本身。所以，若將對境看作是外在的，這是錯誤的。**」在《華嚴經》(*Avatamsaka Sutra*) 中佛陀說了類似的話：「**佛子們！三界唯心。**」如同伏藏本文中所述：

於此境中諸顯相——(在這個狀態之內，一切的顯現——)
外、內、世界與眾生(外在的和內在的、世界和眾生)，
僅為如夢自感知(不過是個人的感知，猶如作夢一般)。

在佛經或佛教大師的論典中，都有無數的引述能證實這個準則。被視為外在的、由四大元素(譯按：地、水、火、風)所組成的世界，以及住在其中、以四種方式(譯按：卵、胎、濕、化)出生的生命，都被迷妄的心視為外在的東西。其實，除了錯亂的感知外，外面真實存在的，連一個「原子」都沒有。例如當做夢時，你會看到各式形狀的山、牆、房屋、男女、馬匹、牛群等等，可能有愉悅和痛苦、喜樂和悲傷、恐懼和焦慮，但不管你夢到什麼，這只是個夢。這個現象不過是迷亂心中生出的感知，除此之外沒有任何實質存在。雖然夢境在本質上是不真實的，但是我們仍然會做夢。由於不知道這是個夢，我們會如真實般體驗到一切種種的情緒，包括各類喜樂和悲傷、恐懼和焦慮。

同樣地，我們現在的感知也是不真實和不具體的，它們在迷妄心的體驗中開展且運作。當你了解並認知到這些都是不實的、錯誤的，並且了解到一切顯相即是自心，這整個相對幻相的虛妄就會崩解。這就是我們要得到的了悟，我們要依這個方式堅持地

探索和檢視。

以上是關於外在的對境；現在，讓我們講解內在能感知的心。假如所感知的對境全都是心，那麼心本身不是應該真實存在嗎？內在感知的那顆心，不就應該是真的嗎？其實，心也沒有任何本體或實質，因為心識流並非由單一片刻或多個片刻所組成的，這個心識流不受任何人所認知，它是看不到的，也沒有一個位置。因此，你無法證實有一個稱為「心」的東西。在《迦葉波問佛經》（*The Sutra Requested by Kashyapa*）[9]中，佛陀說：「**迦葉波**[10]**！心不在內，也不在外，內、外兩者之間亦不得見。迦葉波！心無法檢視，亦不能展現，無任何所依，眼亦不可見，無法認知，亦不住於何處。迦葉波！此心過去未有人見，現在亦無人見，未來也永不得見，即使諸佛亦然。**」

其實，我們名為「心」的東西只是念頭的一個生起，它突然出現並且在下一刻完全消逝，除此之外，別無其他。可以相比於天空中，雲朵如何成形又如何消失無蹤，純然消散於廣袤穹蒼。同樣地，在性空的本然狀態中，一個念頭生起並且自然消逝。這個看似持續的生起與消停愚弄了一切眾生，因為實際上空性中是什麼都沒有的。我們將驟然生起的一個念知（認知片刻），當成是「我自己」，並執取為「我」，且確信這個自我是個人的本體，但這個稱為「自己」的東西並不具有任何顯示實存的一丁點實質。請仔細探察和檢視自己的經驗，直到你全然了悟到確實如此。從內心深處，堅定地確立個人本體並不存在。

首先探察現象本體的不存在（法無我），其次檢視個人本體的不存在（人無我）。現在第三個探察是關於尋覓與探究心的自性。

既然沒有任何依據，可以貼個標籤說是「個人本體」（人我）或「現象本體」（法我）——其中無可經驗證或證實之物，你可能會想：「那麼，什麼都不存在，就只有心的空無自性，什麼都沒有。」然而，也不是這樣。能感知者和所感知者都非實質的存在，但這不代表就有個所謂全然的空無存在。若是這樣主張，就涉及貼了個新的標籤，像是因為某個事物並無實體，就說它是「不具體的」。一切現象由於其自性，從初始以來就是不可驗證的。無論某物是否實存，都只是一個概念化的標籤。實相超越這兩者，如同佛陀在《楞伽經》中所說：「**正如同外在對境既非實存，亦非不實存，心也是如此。不能認為它有實質的存在。因此，『無生的自性』意指捨棄任何的看法。**」

此外，在《般若波羅密多經》（*Prajñaparamita*）中，佛陀說：「**心不以心的形式存在，而是以明覺的本質存在。**」這個「明」指的是能夠去了知的赤裸性質（赤露），儘管它並非「東西」，但仍有能知的無礙能力，這就稱為「明」——它雖然是空的，但是能「了知」。薩拉哈說：「**執持此心為實，其笨如牛；執持心不實存，更笨於牛。**」相應於此，當你檢視自心本體時，找不到任何「東西」，因為它沒有物理結構、形狀或顏色，它不是具有特徵的物質實體，沒有任何這樣的證明。同樣地，你也不能主張「空無一物」的觀點，因為有個「了知」存在，它形成屬於輪迴或涅槃一切經驗的基礎。換句話說，有一個明性，能無止盡地意識或覺知。

這樣說的話，我們可能又會以為有很多種的心，然而這觀點也不能成立，因為一切都基於相同的本質，是一味的，都是空性。如同任何時刻的體驗都是相同的空，並沒有很多種體驗。此外，你不能夠說只有一個心，因為有如此多種可能的體驗，例如五根的或心理範疇的體驗。換句話說，體驗的實相真正為何，是遠超出任何我們可以形成的概念構想。這個探察是為了認知心的真實自性。

觀——安住於本然狀態中

剛才我們已檢視外在對境和個人本體（人我）——那個在認知並被稱為「我」者，這樣做之後，我們已確定這些都是無處可尋的，簡而言之，我們無法證明任何事物的真實存在。這就是如此探察的原因，也就是要發現本然狀態、什麼是真實的。現在，我們需要安住其中，這是第二部分，就是要如何真正住於本然狀態中。康楚解釋說，在已經用先前的方法，以相對思辨智慧探究實相「之後」，並且在已經獲致一些對實相的確信「之後」，再來才是平穩安住在本然狀態的相續中；要在那種確信中安住於平等性。如同寂天菩薩所言：「**一旦你心中不抱持任何事物為『實』或『不實』的概念，就在那一時點上，在你心中無須持有任何其他的想法，只要保持全然的平靜且無概念思惟。**」既已發現一切皆如彩虹或幻影，能知者和所知者沒有實體存在，你無須建構任何外加的見解，只要如是停留，全然的平靜。

此處，修持的方式是維持七支坐，如同先前的姿勢，並且呼出濁氣。經由「止」的訓練，你已經獲取安適的感覺，離於概念卻又相當清明。除了這些特性外，你無須再建立或排除、接受或避免什麼，僅僅擺脫、離於任何念頭。你不必構想什麼，無須思索任何事，只是讓注意力自然存在，離於所有思惟。換句話說，自然安住，就像完全晴朗廣闊的天空，並讓它持續，純然安住在此狀態。

在此，「觀」並非某個你嘗試保有的特定智慧。在「止」中，心在某種程度上已經穩定、平靜，現在藉由探察已經看到心的本來面目──能知者和所知者其實都不存在於任何地方，單純地看到這個實相就稱為「智慧」，可將之標示為「觀」。這完全不是指在心中捏造或執持任何領悟，它是非造作的，只不過是讓本然狀態持續。「觀」無異於單純處於本然狀態，並且如是持續下去。

於《無生珍寶》(*The Precious Treasury of Nonarising*)[11]一經中，龍欽．繞絳巴(Longchen Rabjam)陳述：「**當你完全不以概念去思惟任何事物，並且不以任何方式加以構想，單純地處在自然無為中，這就是『無生』的珍貴寶藏。**」換句話說，就是全然不造作。

在一切各式各樣的教導中，關於「觀」的指導正是這個不造作。在入定（composure）的境界中，實在沒有什麼是要被禪修或培養的，然而在此同時，你一刻也不分心，僅僅是安住在清明與覺知的本然狀態中，並持續地保持下去。以上是入定的境界。

在禪修之後，你將所感知的一切，包括所有顯相和感知，都視為有如幻影或夢境一般。你維持先前的確信、信心，同時以悲心看待所有其他眾生，他們因誤信自己和顯相是實存，而不斷經驗輪迴的痛苦，他們尚未了解本然狀態或空性的實相。一切眾生全都是你的父母，你對他們有一股深切的悲心，那是與離於能知和所知之空性無二無別的悲心。不斷地努力，直到你獲得對真實自性(你的本具自性)的確信。這個超越的智慧(或稱「般若波羅密多」)，即是究竟的聖救度母。你因此親見了究竟的度母，見到真正的度母。

再次重申，在禪修座上，你只是保持不思索、不建構任何的概念，維持完全的自然而不造作。其後，在禪修離座後，也就是在日常活動中，試著不要失去這一切都是夢境與幻相的心態。如此，對他人的悲心將自無能知與所知的空性狀態中生起，這悲心是任運生起、毫不造作的。在座上入定與離座出定都逐漸增加對此修持的熟悉度，你將最終認清究竟的度母——般若波羅密多，出世的智慧。

某些教導中說，經由智識上的探察，你發現並沒有能知者與所知者的真正基礎，換句話說，你發現了空性。即使安住在那個信解中，你仍然需要保有對空性非常微細的理解。假如失去了這個微細理解，那麼僅僅安住於此，就與無所緣的「止」沒有分別了。

然而，在我看來，只要你經由智識上的探察，發現了沒有能知者與所知者，確認了心中並無可執持之物，你就無須在心中再持有「一切皆無實存」的想法，那絕對不是必要的。不會有失去什麼的風險，因為一旦你已經理解了，就是那樣了；這也不是指你應該想著別的事物，以致分心忘失這個。只要你沒有分心，就無須在入定、禪修狀態中持有對空性的概念想法。儘管如此，在離座的狀態，當你和別人互動時，也應該不斷憶念「一切如夢」的想法。這一切就如同幻相。

對中等根器者的教導與修持的各個步驟，到此講解結束。

第三章
末勝法：金剛乘

現在來談末勝法──對上等根器者之道途的解釋，這是關於運用最高深的金剛乘祕密教授（金剛乘本身）的修行。先前曾解釋如何藉由大乘道途來親見度母，現在，運用金剛乘的善巧法門，你能夠完全了悟度母，並且實際成為度母。

這些教導分成三個主題或段落來呈現。首先，是如何修習「近」（趨近）[1]的層面，經由符合「事續」（Kriya Tantra）和「行續」（Charya Tantra）的外在方式來積聚資糧。其次，是闡明屬於「瑜伽續」（Yoga Tantra）的「成」（成就），也就是領受加持。第三，是闡示最深密的修持方式，這是依據「無上瑜伽續」（Anuttara Yoga Tantra），且具有完整四灌的道途。(2)

趨近

關於如何依據事續與行續修持「近」，我將先陳述一般的解釋，其後是如何修持的特定教導。

首先，關於一般的解釋，請了解這些教導都是由漸進的方式來陳述的。九乘的每一乘，都是以很有組織的方式依序來解說。先前教導的目的是為了指引你的心續，並讓你為下一層次的教導做好準備。我們以淨化自心的修習來作準備，舉例來說，先前大乘修持的主要部分，就是為整個道途建立基礎或根基，也就是對空性的見地與修持。

接著要講的比前述的見地與禪修更為殊勝，這是金剛乘中的漸次修持方式，跟先前所說相比是非常高深的，並且具有崇高的目的。這個偉大目的在金剛乘經典《密集續》(*The Compendium*)[3] 中有說明：「**藉此，將在此生獲得無別的三身，即是以智慧海所莊嚴的薄迦梵**(Bhagavan。譯按：佛陀十大名號之一)**本體**(**即成佛本身**)。」在此觀點中，相應於事續與行續的修持被稱為「外儀軌」，相應於瑜伽續的是度母的「內儀軌」，據說它們像四肢(手、足)一般，而軀幹則是無上瑜伽續，這是因為它具有生起、圓滿兩個次第。

在《密集後續》(*The Subsequent Compendium Tantra*)中有幾句話可作為上述的支持：「**諸佛所授一切法皆包含在兩層次第中：一為生起次第，另一為圓滿次第**。」我們從生起次第開始，淨化我們將此世界和有情眾生視為凡俗的執著。其次，我們修持圓滿次第，藉由在「不可摧毀的界」(the indestructible sphere)中將氣(風息)與心結合，以獲得無上的樂空雙運。這個修持從無生的空性中開展，而空性就是先前解釋的見地。在此見地的相續中，經驗的無礙遊戲便以三壇城的三摩地形式現起。這是所教導的方式。

四曼達儀軌

在這個時代，學習《度母甚深精要》的四曼達儀軌是具有利益的，伏藏本文於此恰好談及原來的「四曼達度母法」，我將簡要說明如何修持。

準備一個曼達供於佛壇上，其他三個曼達則出現在法本修持的過程中，是藉由三次獻曼達而來。開始這個修持之前，要先清理環境；然後在佛壇上安置聖救度母像，塑像或畫像皆可，在度母面前擺置一般的供品，這些都應當盡可能地整齊清潔。清洗你的五體，包括雙腳、雙手與臉部。在做此修持之前，一定要避免不適當的食物，包括肉、酒、洋蔥與大蒜；並只各吃一些三白（牛奶、乳酪、酥油）。保持梵行，並以出離與解脫輪迴的決心來激勵自己，培養對一切有情的慈悲心。

重複念誦「皈依文」，作為這個修持的開端。其次，生起願菩提心，然後做七支供養以積聚資糧。完成這些前行之後，想像自己瞬間以聖救度母的身形出現。在你自心中央的月輪上，有一個綠色放光的「TAM」（當母）字。由於這些光芒的放射，來自度母淨土「璁葉莊嚴剎土」（Arrayed in Turquoise Petals）[4] 的聖救度母，以及周圍環繞的二十尊化現因而顯現。此外，無量的三寶也出現，他們受邀而住於你面前的虛空之中，各自安坐在自己的蓮花月輪上。想像你呈獻兩種水供（以供飲用與清洗）、一般的「五妙欲供養」，以及依情況合宜、廣簡皆可的「獻曼達」。於後重複讚頌，亦即念誦〈二十一度母禮讚文〉兩遍。

接著，將注意力放在度母持護佑印的右手 [5] 上，祈願你與所有其他眾生都能在她手掌下受到庇護，並免於各種恐懼。再一次，獻上曼達，並念誦〈二十一度母禮讚文〉三遍。從中央主尊與隨行所有二十度母的身形中，一道甘露出現，甘露進入你與所有受保護者的頭頂；想像你的身體充滿了甘露，你的心續盈滿了證悟身、語、意的加持。在如上觀想的同時，再次獻上曼達，並念誦〈二十一度母禮讚文〉七遍。最後，度母偕同眷屬化光融入你，本尊與你無二無別。要有信心，你已受到完全的加持。

接著，念誦「十字度母咒」:「OM TARE TUTTARE TURE SOHA」(嗡・達磊・嘟達磊・嘟磊・梭哈)，盡力而為，能念多少遍就念多少遍。完成之後，平靜安住在本尊與你自心不可分的本初本然狀態中。片刻之後，回向功德及吟誦「吉祥文」。這是通常進行的方式，若你能如此修持，有毅力地反覆，短則三日或七日，便能平息你的種種內外障難，並且圓滿你的一切善願。

這稱為「近」的作法，也就是積聚資糧的「外儀軌」，這是度母修持的一般程序與方式。

人通常有個傾向，總是想要容易的方式。祖古・烏金仁波切的上師桑天・嘉措，會在佛壇上擺設五個曼達；儘管這個修持的名稱是「四曼達」，但是他會準備五個。他會設置一個曼達以及一個上面蓋有錦緞的三角架，錦緞上置有度母塑像，並在周圍四個方向放置四個曼達盤。每次獻曼達時，就會有人再次添加曼達盤內的供物。目前，人們似乎不這樣做了，現在只有一個曼達，等時間到了才在其上添加供物，這是現在的進行方式。此外，應該是要擊鈸的，但是人們認為搖鈴比較容易，所以鐃鈸就被省略了。然而，假如我們如此放下傳統，一切都會被打折扣。桑天・嘉措從不允許任何此類的傾向，他要求精確，從不容許任何人略過什麼，他極度注意所有細節。

這個《度母甚深精要》的修持廣為傳布，從安多[6]到整個西藏都有人在修，西方的所有噶舉中心也有，其他國家的中心同樣在修。這是極為普及的法本。然而，由於通常缺少結尾的說明扉頁，大家都不知作者是誰。有些人認為是康楚所著，也有些人認為這是一部密續教法，沒有人確定何者為真。

成就

現在是儀軌的內修持，這是依據瑜伽續的「成」(成就)法形式。首先，依據伏藏本文所述，適當地擺設佛壇，沐浴並保持身體潔淨。 一如既往，應保持純淨的發心。如先前一般，念誦「皈依文」，受菩薩戒，積聚資糧。當你進行到主要儀軌時，便在此處插入外加的修持。我將分別解說在此的三個部分：預備；殊勝的儀軌編排；最後是進行的程序。

第一部分:預備——保護輪

在較詳盡的儀軌中有很多細節，不過在此只加上保護輪，因此便觀想保護輪。藉由「觀空咒」[7]，將一切外在和內在的現象融入空性。從空性的相續中，也就是你自心的光芒中，開展一切。最初，綠色「TAM」(當母)字出現；它是驟然出現的，鮮明且光亮，如同虛空中央的流星。想像這個耀眼的綠色「TAM」(當母)字是無垠虛空中的唯一所有。它迅速地發出聲音——不是樣貌，只是聲音;它發出了「HUNG」(吽)聲，響音如咆哮的雷聲。「HUNG」(吽)聲迎請來諸佛的自性，它吸引了聖眾的注意。

「HUNG」(吽)聲也消除任何可能生起的負面勢力干擾，這些都被立即斷絕。「HUNG」(吽)聲發出光芒，它的無限光輝顯現為從各個方向傾注的雨水。其後，雨滴變成金剛杵的形狀，它們緩慢排列成特定的樣式：第一個是金剛地，第二個是金剛牆，第三個是金剛帳；它們遍布各處——下方、周圍、上方。蔣貢．康楚對此說明，它們形成一個完全不可穿透的球界，即使是劫末的宇宙風暴也無法吹入。換句話說，所有方位都是絕對堅固安全的。

金剛地：第一滴變成金剛杵的雨，化成一個巨大的十字金剛杵，就像兩個交叉的金剛杵；它是如此巨大，以至於四個端點延伸到宇宙的盡頭。想像在其開口間的空隙之處，有更多的十字金剛杵，大小恰巧對應於這些空隙的尺寸；小一點的、更小一點的，甚至再小一點的都有，直到合併排成一個巨大的十字金剛杵平臺，其中最小的十字金剛杵甚至比芥子還微小。平臺底下的表面就像金剛杵的許多股，上面卻是完全的平滑，就像打磨過的銀器一般，而且是完全不可穿透的。它感覺起來雖是絕對平坦的，但你仍可看到其中的形狀。這就是第一個層面——金剛地。

金剛牆：就像山區牧民為牲口建造的夜晚遮蔽處，是用垂直排列的竹子所造的一個環繞圍牆。類似這般，你想像雨滴變成垂直的金剛杵，在十字金剛杵的終點處遠遠的一個個排列站立；它們尺寸龐大，站立該處的那些金剛杵各有五或九個分支等等，像個巨大的牆。在龐大的金剛杵間有較小的金剛杵，一直小到最小的尺寸，所以結構體的外部有金剛杵的形狀，但是內部則完全平滑。這就是金剛牆。

金剛帳：在金剛牆上方，這可用不同方式來觀想。在金剛牆之上有一圈金剛杵，杵身一半朝外、一半朝內，這些金剛杵也是龐大的，它們形成一個圓圈。再上面是另一圈，其後另一圈，直到最後一圈立於正中央。同樣地，它的內部非常光滑，而外部具有金剛杵的形狀。其內有個窗櫺(lattice)，其上立著一篷華蓋，外面懸掛另一窗櫺，垂吊著瓔珞和環飾、垂飾等，這些也都由金剛杵所組成。重點是此金剛帳規模巨大，而且是不可入侵的。

在其他儀軌中，外部、內部還會擺放各種的東西，不過以上是金剛地、牆、帳的簡單形式 。你的想像從最大規模的範圍開始，其後小至最精微的細節。其中沒有任何的空隙，內部完全平滑。這就是預備的部分──保護輪。

第二部分:儀軌的主要程序

接著是第二部分──儀軌的主要程序。

觀想所依壇城

在保護輪內，你根據通常的方式來觀想。在風、火、水、土的壇城上，須彌山於中央升起。巨大的風壇城是新月形的，其上的火壇城是三角形的，水壇城是圓形的，土壇城則是正方形的。其上為須彌山，四邊的每一邊都有不同的顏色。

須彌山的山頂上有「DHRUNG」(仲)字，該字在一瞬間變成天宮聖殿。這座聖殿同樣是巨大的，但仍在金剛牆中；聖殿有四面，四個正門面向四個方向。天宮聖殿是壇城聖殿的通見形式，具足一切普遍所知的細節和表徵。其中央是一朵多色蓮花，有著巨大的八片花瓣、花藥，以及在中心的花蕊。它們支撐著一個巨大平坦的月輪，一個接一個地在心中想起這些樣貌。這稱為「所依壇城」（mandala of the support）。

壇城聖殿或天宮聖殿位於須彌山之上，是由珍寶光芒所成，精巧且絕對完美，具足令人讚歎的莊嚴與特質；假如你不知道具體細節，就用寧瑪傳承所稱的金剛薩埵（Vajrasattva）[8]一般壇城聖殿來觀想，它是正方形的聖殿，每一面有不同的顏色。四個方位各具有一宮門和若干小門，每個門口都有許多的細部，可以是三重、兩重、或一重的結構，稱為「八層門莊嚴」（eightfold portal）。

請記住壇城聖殿的每一層面，都有其特定的目的、意義與符號象徵。由於聖殿是本尊的化現，其規模尺寸是基於本尊的形狀，這是其比例的由來。它是否為多層建築，也取決於特定的本尊。由於度母為單一身相，這個殿堂上有一層，除了樑、柱，屋頂上方的中央也有珠寶裝飾。

聖殿的中央有一朵八瓣大蓮花，稱為「重瓣蓮」，依個別儀軌而有不同的觀想方式，例如每一花瓣的顏色不同等等。此處，每一片花瓣閃耀著多色光芒。實際上是有兩組花瓣，外面的一組，以及其內較平坦、形狀稍微豎起的花瓣。蓮花的花藥與花蕊支撐著月輪，月輪則寬如花蕊的外緣。依畫家的方便，月輪通常會被畫成全平的，但其實月輪邊緣是微微向上翹起的。有時，蓮花、日輪、月輪會以特定方式放在一起，這全都有深奧的象徵意義。

觀想能依壇城

接著是「能依壇城」（mandala of the supported）──本尊。

你最先觀想的「TAM」(當母)字從中央下降到蓮花月輪的寶座上，恰好降在月輪的正中央。它立即變成一朵綠色蓮花，一朵有「TAM」(當母)字在中央的烏巴拉(utpala)蓮花(即報身相之「優波羅華」)[9]，它光明燦爛，閃耀的光芒照射各個方向。這些光芒淨化各道的有情眾生，並且實現一切的佛行事業。無限的光芒照回「TAM」(當母)字，此種子字剎那間變成度母的身形，它的轉化使你自己變成度母，身色、持物與莊嚴皆如我先前所解釋的。她耀眼優雅的容貌是明亮的，可見到卻無實體。她是報身佛，具有十三種報身的衣飾莊嚴；她具足一般敘述的三十二大人相與八十隨形好，一切皆圓滿無瑕。她燦爛放光，高貴而明亮。最重要的是，她能以眼見，卻又無實體，如同天空中的彩虹。觀想度母，樣貌要清楚，卻不是實有的。

在自心中央，你觀想綠色的「TAM」(當母)字，字是橫向[10]的，並放出八個相同的種子字，如法本所說，四個種字在主要的方向，四個則字在居間的方向，它們各自降到八瓣蓮花的各個花瓣上。當它們立於其處時，放出光芒，減輕八種外在恐懼與八種內在恐懼。八種外在恐懼與外在的情況有關；內在恐懼則是八種負面情緒與負面觀點，例如關於「我自己」、「永遠」或「根本空無」的想法，它們是各種憂慮的根源。這些全都因為八個「TAM」(當母)字發出的光芒而被平息，光芒不只平息這十六種恐懼，還將每位有情眾生安立至如同度母本身的崇高境界。

當光芒返回時，每個「TAM」(當母)字都變成一尊樣貌完整的度母，每一尊各有不同的顏色，且各自拿著不同的器物。觀想在東方的是第一尊，位在前方，其後其他度母依順時鐘方向一一排列。八尊中的第一尊為「救八難度母」[11]。在這些外面，你觀想這整朵蓮花位於一個四角的廣大平臺或墩牆上，在這外面的邊緣上還有四個角[12]，所以實際上共有八個地方，有八尊天女位於此。首先四尊是「嬉」(Lila)、「鬘」(Mala)、「歌」(Girti)、「舞」(Nirti)，她們是裡面的四尊天女；外面的四尊則以梵文的「香」、「花」、「燈」、「塗」為名，所以一共是八尊天女。在壇城四個方向的門口處，各有一尊天女，這四尊天女各以「鉤」、「鏈」、「鎖」、「鈴」為名。

以上共同組成了有二十一主、眷本尊的度母壇城。每一尊化現都有自己特定的顏色、面容、裝飾與表徵，全都是圓滿無瑕的。她們應被觀想為無二、本覺的甚深光輝，這表示本尊身形、聖殿的所有一切，其實是樂空無別。這也表示所見的一切與空性無別──沒有實質，卻可看見；本尊、聖殿等所有的一切就如幻相。這是「能依本尊」(deities who are the supported) 的修持。

封印

「三昧耶尊」(samaya deities) 指的是中央主尊，周圍環繞著你所觀想的其他度母身相。聖殿是可支持的所依，它支撐起本尊們。想像包括主尊與所有眷屬在內的每位本尊，其前額、喉部、心間各有特定的種子字，也就是白色的「OM」(嗡)、紅色的「AH」(啊)、藍色的「HUNG」(吽) 字，由主尊與所有周圍本尊的種子字放射光芒。這些射出的無量光芒，從度母淨土迎請來完全相同的另一壇城，這些本尊稱為「智慧尊」；由於智慧尊的降臨，智慧壇城融入三昧耶壇城，想像兩個壇城成為無二無別。此時你複誦「DZA」(雜)、「HUNG」(吽)、「BAM」(棒母)、

「HO」(吙)四字，智慧尊因此與你無二無別。

在某些更為詳盡的續部儀軌中，你還會從淨土迎請保護輪，其後讓其融入先前觀想的保護輪，聖殿也降臨並融入聖殿。在這種方式之中，主尊融入主尊，其餘本尊各自融入相應表徵，這稱為「封印」。

灌頂

接著是灌頂的層面。從你自心中央放出光芒，迎請五佛部的灌頂本尊，他們各持甘露寶瓶為你灌頂，甘露由你的頭頂往下傾注而盈滿全身，使你身體的每一寸都充滿能淨化一切染污的甘露。頭上盈溢的剩餘甘露轉變為部主，在此處是阿彌陀佛，他身著化身佛的衣飾。你也以類似方式，被授記於未來成佛。[13]

淨化

從你自心中央，現在放射出遍滿虛空的供養天女，對自己獻供。有八位供養天女各持不同的供物，用非常悅耳的聲音唱誦《讚頌王續》(*The Royal Tantra of Praises*)。片刻之後，這些天女融入自身。你可以重複此觀想，放射出更多供養天女，獻供與讚頌，接著再次融入自身。持續放射供品並且讚頌，一遍又一遍，直到你疲倦為止。此舉有助於淨化整個壇城與所有本尊，在壇城與本尊的三摩地中，這是獲得某種穩定程度的第一個層面。

第三部分：進行的程序

「身」的層面——單純憶念保護輪

修持儀軌法本時，有系統地修持並注意所有細節，是很重要的。以開展觀想為始，其後經由迎請本尊的過程，智慧尊融入三昧耶尊，請其安坐，獻供與讚頌。通常接著是持咒，不過，原本傳統上並不直接跳到持咒，而是先放鬆片刻，從頭開始憶念所有細節。進行的方式是單純憶念保護輪的樣貌，包含裡面的淨土、淨土中的神聖宮殿、殿內的本尊們、寶座與主尊、主尊心中的種子字。其後以反方向全部做一遍：開始是主尊心中的種子字、主要的本尊、周圍的本尊、聖殿、聖殿外的淨土、保護輪。十分寧靜、平和地憶念一個接一個的樣貌。

其後從底部開始：先是十字金剛杵，其上是五大元素的層疊、須彌山、聖殿、寶座、主尊，包括主尊的足部、軀幹、頭部，一直上至安坐著的阿彌陀佛的頭頂。反過來再做一遍，從上到下進行觀想。只要你喜歡，持續重複。這全部仍屬於儀軌的第一層面，也就是「身」的層面，在進行「語」的層面之前，必須要確實做到。

蔣貢．康楚指示我們，以此方式持續補強觀想的清晰生動，直到疲倦為止。修持的這個面向有三個準則：（一）尊身的明顯，指的是所有細節；（二）堅固的佛慢，即相信自己確為本尊；（三）清淨的象徵。三者都應包含於此，這是續部的本意，即使有些人略過此一面向，並不能否定本來就該如此修持。事實上，這三者是儀軌修持不可或缺的部分。這是薩迦派的修持方式。此外，在勝樂金剛（Chakrasamvara）[14] 與瑪哈嘎拉（Mahakala）[15] 的主要修持中，於持咒前依循這三個準則仍然是必要的。

「語」的層面——持咒

一旦你倦於明晰憶念每個樣貌，便可開始持咒的部分。想像在聖救度母的心輪中央有一朵小小蓮花與月輪，其上有「TAM」（當母）字；圍繞它的是十字的度母咒，它如同咒字組成的花鬘，閃亮如最純淨的綠寶石。它們以順時鐘的方向排列，並發出耀眼的光芒。

集中注意力在這些咒字上，如此一來將使它們更加光亮。中央字母與咒鬘的每個咒字，都放出具有無數微小度母的光芒，遍滿整個虛空，度母與光芒盈滿所有地方，開展佛陀的十二行誼 [16]。這些微小度母的光芒，因移除遍滿無量虛空一切有情的遮障與習性，而圓滿兩重目標。眾生皆獲淨化，成為度母，並登至度母的證悟境地。

這些光芒返回並融入你自身，你因而感到自己現在已獲屬於共成就之四事業的異熟，[17] 以及屬於大手印無上成就的十大成就 [18]，你想像自己達到完全的成就。以這樣的信心，你無誤且不斷地持誦十字的度母咒。你的注意力並未偏離至任何其他地方，你全然安處於一心的專注，聚精會神在本尊、咒語，以及光芒的放射和收回之上，並同時持咒。

無論在觀想、持咒和一切過程中發生什麼，要了解這全都不過是你自心空性的自然顯現，一切顯現都是空性自身的顯示；也就是說，沒有任何實質的存在，皆無實體。這樣，你全然了解自性為明空雙運的見地就永不會離失，這是至關重要的一點。

完成此座的持誦次數之後，重複獻供與讚頌。其後，你可以直接念誦特定咒語來祈請成就，或是以下列方式讀誦：

佛母聖度母眷眾，
請賜勝共諸成就，
且於現今與究竟
驅除各種之恐懼。

以此，你享用了成就的甘露。其後，持誦懺悔過錯與祈求寬恕的咒語。接著送請智慧尊離去，將三昧耶尊消融於光明覺性的境地中 。片刻後，你再次成為如幻的度母身。回向功德，念誦「祈願文」與「吉祥文」。無論你是根據次數或固定時間來修，這是從頭到尾修持儀軌的方式。此即修法的架構。

若你願意，你可加上「對生觀想」，也就是在面前加上一座完整的壇城。假如你做的是特定的延伸儀軌，就沒有固定時間或固定數目。有了「對生觀想」，便要對佛壇做額外的獻供等等。你仍然自觀為本尊，在你面前的本尊與你之間，進行加持與光芒的互換。順序和先前一樣，但是你要做更為豐富的獻供與讚頌。在結束固定數目的持咒後，你迎請並接受成就的加持，且領受「對生觀想」的灌頂。

至此為完整的「於心續中領受智慧加持」的修持步驟。

一旦你完成主要持咒，即「十字度母咒」：「OM TARE TUTTARE TURE SOHA」（嗡・達磊・嘟達磊・嘟磊・梭哈），還要持誦另一個所有眷屬的真言。觀想主尊心間放出光芒到眷從的每尊度母身上，從最初的八尊開始，其後繼續到所有眷屬身上。這迎請來她們的心意，以致各尊因受引動而放出光芒，以及無數如她自身的化身，她們驅除一切阻礙與恐懼，這些阻礙是來自對火、水等外在的憂懼，八種內在恐懼則是關於包括五毒、慳吝、懷疑與邪見等的情緒狀態，以上皆已完全清除。她們也像如意寶般，圓滿當下與究竟的一切所求。

持誦的次數為十次的十萬遍──主咒一百萬遍，眷屬的咒四萬遍；這是比例，一百萬遍主咒配合四萬遍的眷屬咒。這是數目方面，但是若你依據時間來修，蔣貢・康楚解釋說，盡力修習三週，你就能除去遮障，平息障難，並增益一切圓滿。經由無散亂的修持，你將成就無二的甚深光明──究竟的證悟。這些是曾經提及的利益。

假如行者偏好較此更精簡的修持，要知道傳統上為先閉關圓滿持誦咒數，再考慮做濃縮的日修。

儀軌閉關

現在，我將解釋此修持的閉關架構。首先，若要開始一個較長的閉關，必定選在陰曆月虧期間某天將結束時開始。當然你應該已經獲得閉關所需的所有灌頂，假如你已領受灌頂，但是未做修持且未維持咒力，可能已違犯了某些三昧耶戒。因此，建議在開始閉關前，請求並再受一次灌頂，以確保法的活力，這有時是必要的。

每座的時間長短

傳統上，持咒閉關為一天四座。第一座是在天空出現第一道光線（破曉）與太陽升到地平線上之間；第二座在日出後至中午；第三座在中午與日落間；而第四座在日落與天黑間，也稱為「黃昏座」。這個通用系統並未說明一座應該多久，傳統只說應該有四座。有些可能較長，有些可能較短，依據個人偏好而定。假如儀軌法本很長，以致你覺得最多只能進行三座，便可刪除黃昏那座。

現在是如何修持四座。在第一座（黎明那座），要修前行部分提到的所有步驟：思惟出離以及對上師的虔敬，也要修習依伏藏本文中相應於下等根器者與中等根器者的教導，包括轉心四思惟、皈依、菩提心等等，藉著有順序的憶念來完成這些修持。

在第二座，你可以很快地全部再修一遍；而全部再修一遍並非必要，因為你在閉關，而且也已〔於第一座〕修過一遍法本。因此，你可以由皈依與菩提心來開始第二座〔而省略出離等前行〕，其後一直做到持咒等等。在下午那座的最後，你應該加上向護法的祈請。除了做食子供、消融與生起外，要向護法祈請。不要在太陽下山後或夜晚時才做這部分。有些儀軌文內有護法祈請的部分，但這不表示必須每座都修，可以在第三座來修。

持咒閉關時，有些時候你不應該持咒，例如正好半夜或正午時。同樣地，當太陽開始升上地平線與落下時，這是負面力量猖獗遊蕩的時候。對拙火修持來說也是如此，應該要避免這些時候。

每座的咒數多寡

在有持咒的儀軌閉關時，傳統上會在閉關前就決定每座的咒數，但這並非任憑自己的感覺來決定：「哦，今天我會做多一點，因為它很有趣。」然後隔天便做少點，因為你很忙。若你開始前就做好規劃，遵守計畫是重要的。假如你決定持兩千或四千遍，就要完成你的承諾，並且不要更少或更多。一天中各座的咒數不一定要相同，但是持守你所決定的各座咒數，則是重要的。你可以在第一座與第四座持誦多些，在中間兩座少些。[19] 你可根據偏好的任何方式來安排，但要確保每一天都依循相同的模式。在竹巴噶舉派的大威德金剛（Yamantaka）[20]、金剛薩埵與上師相應法中都有提到，應該維持每日不變的規律。

蔣貢．康楚還提到，要「**以無誤的方式念誦**」，這是指持誦時不應讓思緒渙散，你需要維持無散亂的觀照。有教導說，若你進行到四分之一時，突然覺得昏昏欲睡，你需要從念珠起始處重新開始。在打噴嚏、咳嗽或打哈欠之後，並非只是繼續下去；假如你想對此屈服，便要從起珠之處重新來過。也有說道，若你發現自己剛才都在想著與修持完全無關之事，只要發現時就重頭再來一次；不要一邊持咒，一邊想著完全無關的事。這實是善巧的教導，因為它讓你堅守修持，而非分心散亂。

此外，你應該總是將持誦數目分成三部分：三分之一應該是「身持誦」（body recitation），心中憶念壇城、本尊、眷屬等的清晰樣貌。在這部分，你要修持尊身的明顯、堅固的佛慢和清淨的象徵。在你口誦咒文的同時，要非常詳盡地清楚回憶所有樣貌。第二個三分之一是致力於「語持誦」（speech recitation），無論法本說什麼，像是「光芒成就了……」，你都想像其正在發生，放射與收回、獲得成就的同時，我們也成就了有情眾生的福祉；持誦時，你想像這全都發生。第三部分是「意持誦」（mind recitation），此處僅是維持本覺的相續，也就是本尊意的相續；一邊誦咒，一邊維持本覺的相續狀態。總是要把持誦的部分平均分成身、語、意三等分，這是新譯派（薩瑪派）與舊譯派（寧瑪派）的普遍方式。

持咒的「近修四支」

持咒本身有「近修四支」四個層面：近（趨近）、全近、成（成就）、大成（大成就）。「近」被稱為「眾星拱月」；在此，你單純地集中注意力於心中周圍環繞咒鬘字母的種子字，僅專注於其上並同時持誦。在第二層面的「全近」，咒鬘開始繞圈旋轉，像是「旋轉火炬」，如在夜晚擺動燃燒的棍子一般。第三個即「成」，稱為「國王信使」，以光芒的放射開始。假如有佛父、佛母的本尊，咒鬘會從心中央延伸，下至父尊的杵密而進入母尊的蓮密，其後上至母尊的心中，從她的口出而進入父尊之口。第四個持誦的層面是「大成」：於此，所有的咒字同時以各自的咒音高聲響起，同時每位本尊從其心間放出與其自身完全相同的本尊，包括咒鬘與光芒，如同「蜂窩開啟」，將全宇宙充滿咒音與本尊。

第三層面「成」的另一種樣貌是：主尊如王或后，而所有事業如外遣的信使般，放射到各個方向進行息災（息）、增益（增）、懷愛（懷）、誅伏（誅）的事業。

閉關時間的三個指標

傳統上，有三個指標來決定閉關應該要多久：固定時長、固定數目，以及成就徵兆——時間、數目、徵兆。以固定時長來說，所有的續法都提到六個月為期是足夠的。數目方面，通常以四十萬或七十萬遍為最少的咒數底線。一般規則是將咒語的字數乘以「十萬」；假如有十個咒字，總數就應是「十」乘以「十萬」，也就是一百萬；這是通用的估算原則。

於釋迦牟尼佛入滅之後，每一時期都愈來愈衰敗。我們現在處於爭鬥時期（age of strife），所以公式應為每一咒字四十萬次，這純粹是為彌補當前時期的負面狀況。法本在此提的數目是「十」乘以「十萬」，即為一百萬次的持誦標準。假如你要進行時間較久的持誦閉關，咒數就應是四倍，這是因為我們處於爭鬥時期的緣故；因此，應該是四百萬次。

此外，還有稱為「補缺」的數目，這必然是十分之一的數目。舉例來說，假如你已持誦十萬遍，補缺的咒數即為一萬遍，這是為了要補足你可能算錯或忘記的部分。除此之外，當你的持誦將結束時，在結尾前念誦三次「Ali-Kali」（阿裡－卡裡），也就是子母音咒。這是要彌補任何不正確的發音、遺漏或過錯。其後再念誦「緣起咒」（ Essence of Causation mantra）以穩定持誦的加持。此外，複誦「金剛薩埵百字明咒」三遍，以懺悔任何錯誤或分心。

現在是有關徵兆的部分：這可能會實際發生，或以淨見或夢境的方式發生。總之必然是三者中的一種。「實際發生」是指在清醒的狀態，在非睡眠時。假如有某些獲得成就的徵兆，便立刻領受加持，也就是從佛壇上的甘露獲取成就；置於此處的甘露為成就的所依物。想像從父尊、母尊的密處放光至諸佛後，光芒返回而融入甘露，此時你便立即分享它。假如你等太久，可能會有成就所依物消失或被某些非人偷去的風險。這是完全可為的，每當你在夢中有特定徵兆或跡象時，便在早晨從佛壇獲取加持。你可以多做幾次，其實，這樣反而更好。

還有一個隨後的火供，這包括總數十分之一的附加持誦。具體細節取決於你所做的儀軌種類，儘管你可以採用四種事業（息、增、懷、誅），但一般補持咒數的方式是用「息」法。以特定的擺設生火，其後在火中加上特定的成分並持誦；此外，這裡在咒語最後要加上附加的字。傳統上，必定是以火供作為時間較久持誦閉關的結束。

閉關時的固定持誦咒數，是不可取巧的。然而，當閉關結束而出關後，要連同火供來做附加的十分之一咒數時，假如你覺得太困難，則可以請其他法友與你一起修持火供，並計算每人的持誦數，其後加總。

第四章
無上瑜伽部

我們現在要進入伏藏本文的第三部分，也就是無上瑜伽部，其正行的部分包括不共加行和瑜伽法兩者。

不共加行

以無上瑜伽部的不共加行來說，「皈依」和「發菩提心」與先前解釋的內容相同。不過，這裡不修金剛薩埵法，而是金剛三昧耶持誦和禪修，此時迎請不空成就如來以清淨我們的惡業和遮障。觀想你以凡人身相坐著，頂冠之處有朵白色的蓮花，其上有著月輪。蓮花之上坐著根本上師，顯現為不空成就如來的樣貌，身色為綠色，一手持劍、一手持鈴。不空成就如來和佛母三昧耶度母（Samaya Tara）以雙運姿態坐著。佛父、佛母以絲衣、珠寶、骨飾為莊嚴，所有大人相和隨形好皆全然明顯，佛父、佛母為金剛跏趺坐姿。在不空成就如來的心輪中央，月輪之上有著種子字「HA」（哈），周邊圍繞著不空成就如來的咒語。咒鏈的咒字放射光芒，以供養所有的聖眾，並清淨有情眾生的遮障。光芒返回，轉變為甘露之流，從你的頭頂梵穴進入並流下。甘露流入並充滿全身，淨化疾病、邪魔勢力、惡業和遮障，並增益大樂的本覺。謹記著上述的觀想，專心一志地念誦不空成就如來佛父、佛母的咒語，並加上驅除惡業和遮障的額外「祈願文」。

念誦不空成就如來的咒語十萬次，或直到出現淨除惡業的徵相。課修結束之前，以一般清淨法門的結行方式來念誦詩偈，如：「**怙主！因我之無明……**」等等，觀想惡業遮障因此得到清除。接著，以不空成就如來顯現的上師化為光芒，融入了你。對此感到信心具足，單純安住於你本來、自然狀態的平等性中。這屬於無上瑜伽部不共前行修持的一部分。

其後的部分是以上師相應法為基礎，目的在於積聚資糧並領受加持。首先，觀想如下顯現的能依壇城：

「AH」（啊）字在我面前的虛空中，於那五色的光域內，有著一朵白蓮花，其上有個滿月月輪，月輪上坐著示現綠度母相的上師。她的一手持著勝施印，一手持著烏巴拉蓮花。身上飾以絲衣珠寶，寂靜微笑，並因具足大人相和隨形好而閃耀燦爛。綠度母是體現三寶於一身的化現。由她身上放射出如雲海般的三根本聖眾，以究竟圓滿自性而清晰顯明。

接著拿起曼達獻供盤，擺上七墩或三十七墩的供養，根據一般的傳統方式來修持。念誦以下的「曼達供養文」，愈多愈好：

OM AH HUNG（嗡・啊・吽）
三界情器祥富饒（三大世界、器世界與所納眾、榮耀與富裕），
我身受用諸功德（我的色身、各種奢華享受和所有善德），
獻予慈悲怙主眾（我獻給慈悲的怙主們）。

受已祈尊賜加持（接受它們，請您們賜予加持）。

OM SARVA TATHAGATA RATNA MANDALA PUJA HOH

（嗡．薩瓦．達他嘎打．惹納．曼達拉．布雜．火）

祈願時，心懷深切而強烈的虔誠，念誦這段文字，開頭為：「Kye, kye Lama Jetsünma」（杰，杰．喇嘛．傑尊瑪）等等。意思是:「**諦聽我，上師聖救度母，我從心中懇切地呼喚您。請將您的加持賜予我，清除障礙，並給予我四種灌頂和一切成就。**」這段祈願文和其特定的咒語，一共要念誦一百次或一千次，或是盡力而為。結尾時，念誦以下句子並觀想你領受四灌頂:

從上師度母的前額中，
白色的「OM」（嗡）字放出光芒，
融入我的前額中。
我因而領受了寶瓶灌頂，
並清淨我身上的諸業行，
我受到開允，而可修持生起次第。
因此，我獲得能在未來證得化身的福報。

在度母的喉間有個紅色的「AH」（啊）字，
從該種子字放出光芒，
這些全都融入我的喉間。
我因而領受了祕密灌頂，
並清淨我言語上的諸染污，
我受到開允，而可修持脈氣法門。
因此，我獲得能在未來證得報身的福報。

度母心中央的「HUNG」（吽）字，
綻放出藍色的諸多光芒，
融入我的心中央。
我因而領受了智慧灌頂，
並清淨我心意上的諸遮障，
我受到開允，而可修持印侶法門。
因此，我獲得能在未來證得法身的福報。

從以上那三處中，再次放射白、紅、藍色的光芒。
融入我的三處中，我因而領受了第四灌頂。
並清淨我智慧上的染污，
我受到開允，而可修持大圓滿法。
因此，我獲得能在未來證得自性身的福報。

念完這些文字並領受灌頂之後，便說道：「由於我更為深切的虔敬，上師度母化光並融入我。度母身、語、意的三密，與我自己的三門成為一味。」如是觀想：「我盡力安住於明覺本性中，同時維護我心的本然狀態。」

以上即是不共加行的說明。

瑜伽法

「正行」指的是「祕密大成就」（the secret great accomplishment），

具有四個層面，將依序來一一說明。首先為「起始瑜伽」(Initial Yoga)，其次為「隨後瑜伽」(Subsequent Yoga)，第三為「超勝瑜伽」(Exquisite Yoga)，第四為「大瑜伽」(Great Yoga)。[1] 每個次第都有特定的說明。

起始瑜伽的第一個修持：觀想

起始瑜伽（Initial Yoga）有三個修持：觀想、持誦和圓滿結行。

因的修持——三個三摩地

首先，是對三昧耶壇城的觀想，最初要依序修持三個三摩地為因，且以本尊為果。此處所說的三個三摩地早先並未說明，起始瑜伽和先前所提（在無上瑜伽部之下）的幾個儀軌修法次第，其中一個主要的不同之處即在於此。

第一個三摩地相應於早先修持的見地，也就是究竟菩提心的空性見地。在此，你確信一切的現象（這個世界和有情眾生，你所有的經驗，可能出現和存活的一切），從最初以來，從未曾存在過。它們是從未曾生起的空性，此空性全然離於任何我們可能會有的限制性概念構想（作意），猶如虛空一般寬廣開放。以這種心態來修持，即是第一個三摩地「真如三摩地」，意思是「大空性」。

第二個三摩地為究竟菩提心的狀態，在此你用以下的思惟來修持悲心：「**有情眾生並不了解這個本然狀態，他們尚未了悟這**

點。由於如此，且基於不可知而不實際的種種緣由，他們迷妄地製造出一切的念頭構想，認為事情便是那樣。這個情況在從不間斷的輪迴之流中，時時刻刻地發生，並造成無法承受的痛苦。多麼難以思議的悲哀啊！」這樣的悲心即是第二個三摩地「遍照三摩地」，於此三摩地之中，悲心猶如幻相一般。

第三個三摩地為空性和悲心的雙運合一，且本身自然顯現為種子字「TAM」（當母）。此種子字於虛空中央閃耀，好似彩虹出現於天空，瞬間即可見到。它是鮮活而明亮的，這稱為「種字三摩地」，即是萬物萬事的來源。這三個三摩地是這個次第儀軌修持的開端，又稱為「因的修持」（causal practice）。

果的修持——觀想所依壇城與能依壇城

接著為「果的修持」（resultant practice），需要有所依止者（壇城）和能依止者（本尊）。由「TAM」（當母）字出現了智慧火、智慧風、智慧水的個別種子字，於此，世界和眾生、我們可能會有的具體性想法，全都遭到燒毀、吹散，並被沖刷而去，因此，萬物萬事都成為空性。「TAM」（當母）字接著放出光芒，由此而生起具有外圍、穹頂、窗櫺（latticework）的金剛地基，其外有熾然的智慧火焰。在這個保護輪中，「TAM」（當母）字放射出多彩光芒的種子字「DHRUNG」（仲），該字又轉變為由五種珠寶所成且大小難以思量的天宮聖殿。這無法測量的五寶聖殿具有四邊、四個宮門、四個拱門，因所有莊嚴和飾物都顯得精緻輝煌，無論在形式上或意義上都象徵著三十七佛子行（三十七道品），該天宮聖殿具足一切圓滿功德。聖殿的正中央有個八瓣蓮花，花的中央有著花蘂和花蕊，四個主要方位的花瓣上各自平放著月輪，四個大門方向的花瓣上則各自有日輪。逐一於心中觀想上述細節，即稱為「所依壇城」。

此時，我們想像在這天宮聖殿中央有個月輪，弧形稍稍向上翹起，其下有個日輪，日、月輪兩者共同形成一個封閉的圓形區域。「TAM」（當母）字進入並降臨於這日月輪圍之中，轉變為一朵綠色的烏巴拉花，花的中央有個「TAM」（當母）字，由此字放射出光芒，向所有勝者和其子嗣（佛與佛子）獻上供養，並為一切有情眾生清淨煩惱和惡業，讓他們全都安立於度母的果位。

光芒返回，我轉變為三昧耶度母，身色為綠色，安詳微笑，且寂靜微笑。我的黑髮閃亮，梳整在頭上，一半以如意寶捲綁如山峰，一半則自然垂於背脊。我的右手伸展而持著勝施印[2]；左手於胸前結三寶施救印[3]，在大拇指和無名指之間則有一株烏巴拉花莖，還有一朵盛開的蓮花綻放於耳際。我的右足伸展，以國王坐姿（右足踩踏蓮花，又名大王遊戲姿）安於座上。在我的膝上是我的伴侶，他是我本然的光輝，外相上為「多傑．塔秋」（Dorje Tachok），意思是「金剛勝馬」（Supreme Vajra Steed）。他是不空成就如來的一個特定身相，面容稍有憤怒並帶著熱切。他的手中握有劍與鈴，擁抱身為度母的我。觀想佛父和佛母都身著上衣、下衣，並穿戴珠寶和骨飾。

報身佛的嚴飾

在領受前行法中關於金剛薩埵修持法的開示時，無疑地都會教到報身佛的五絲衣和八寶飾（八種珠寶），所有的報身佛，無論佛父或佛母都穿戴同樣的主要絲衣和寶飾。若你已領受過關於金剛薩埵修持法的開示，應該熟知此類嚴飾。不過，我在此想要再次逐一說明，以便確定各位都知道度母的嚴飾物品。

度母的五絲衣，一為大披肩，從她的左右肩膀垂下，並於多處綁結。二為細長褲，十分寬鬆，衣色為紅色，紮束於腰身和兩腳踝。三為裙裾，繫於腰部而垂下。這件裙裾穿於褲子之外，具有非常特殊的裝飾，其色如彩虹，由五種質料編織而成。當你看著報身佛本尊的圖像時，裙裾看來像是細長褲的一部分，但實際上它是屬於另一部分的飄揚絲衣，在大披肩下方遮住身體。四為絲質圍巾，在頂冠之下猶如頭飾，垂至肩膀兩邊。五為飄帶，於髮際和背脊流瀉而下，直至腰間，有些飄帶的層次則延續直到腳踝。這是五種主要的絲衣（或稱「天衣」）。

度母的頭髮分別紮成兩個相等的髮髻，同時又結為三段，其中各段都有紅色綁帶穿梭其間；度母的頭頂有著一顆如意寶。大多數的傳承如上述，有些傳承對於度母的頭髮則有不同的描繪，他們認為度母的頭髮只分成兩份，左右各一個圓髮髻。此處所說的則有三段髮髻，其餘髮絲則於背脊自然垂下，直至腰間。

所有的報身佛都穿戴著八種珠寶。一為頂冠，其上的珠寶有五個部分。二為耳環，有著點綴珠寶的大環。環上有兩種基本的圖樣，是依照耳環轉動的方向所設計，主要是大型環狀掛飾。三為短項鍊，以許多珠寶精細裝飾。四為長項鍊，垂掛胸前，還有最長的項鍊，長及臍間。另外，五為腰帶，以珠寶精細裝飾，優美地環繞身體。六為上臂有臂環，七為下臂穿手鐲；八為足環。總共有八種寶飾;連同五種絲衣，構成報身佛的十三種嚴飾。[4]

除此之外，還有骨飾，這些在介紹金剛薩埵的簡單身相時，通常不會提到，這是為初學者所設想，以方便他們入門。就以度母、無量壽佛等一般的寂靜相本尊修持來說，這樣算是簡化。然而，到了這個階段的修持，你應該要觀想本尊穿戴骨飾。對於骨飾樣式的說明，有兩種口授的傳承，其中一種表示骨飾為交雜在珠寶之間並有寶石鑲嵌其上，另一種則描述骨飾為緊鄰著皮膚和其上的珠寶，層層交疊。

壇城眷屬

接著你要觀想，本尊周圍有著眷屬，他們是從佛父、佛母的雙運中化現而出。四個種子字「TAM」（當母）、「DHRUNG」（仲）、「HRIH」（舍以）、「HUNG」（吽）分別為白色、黃色、紅色、黑色，它們是覺醒心（菩提心）的自性，由佛父、佛母的密處飛射至四個方向，各自降落於自己的座位上。種子字各自放光，光芒復而返回，類似於早先對於利益眾生的供養觀想，每個種子字都轉變為特定的度母身相。東方，即主尊綠度母的前方，為金剛度母，身色為藍色，面容祥和，左手握有藍色蓮花，花上有金剛杵。南方，即主尊綠度母的右方，為寶度母（Ratna Tara），身色為黃色，面容嘻笑，左手握有黃色的烏巴拉花，花上有寶。西方，即主尊綠度母的左方，為蓮花度母（Padma Tara），身色為紅色，面容激昂，左手握有紅色蓮花，花上有鉤。北方，即主尊綠度母的後方，為事業度母（Karma Tara），身色為黑色，面容忿怒，左手握有黑色的烏巴拉花，花上有劍。四尊度母右手皆持勝施印。她們全都穿戴絲衣珠寶為莊嚴，半跏趺座。

從主尊度母的雙運之處，再度由菩提心中飛射出四個種子字，依序為「DZA」(雜)、「HUNG」(吽)、「BAM」(棒母)、「HO」(吙)，到達四方並落於聖殿四個大門處。此時行者轉變為白色的鉤度母(Hook Tara)，右手持有一個鉤。南方大門的種子字，轉變為黃色的索度母(Shackle Tara)，右手持有一個索。西方大門的種子字，轉變為紅色的鏈度母(Chain Tara)，右手持有一個鏈。最後，北方大門的種子字，轉變為綠色的鈴度母(Bell Tara)，右手持有一個鈴。四位度母的左手各持有一朵烏巴拉花。(譯按:鉤、索、鏈、鈴是一般通用法)各個寂靜微笑，然而同時又顯得忿怒。前述四尊度母屬於四佛部，皆為坐姿；此處，四位在大門的度母，姿勢則是一足站立而另一足舉起的舞姿。她們也都穿戴絲衣珠寶為莊嚴。

主尊度母和眷屬都在智慧光耀的圓域之中，此光是她們自己本初覺性的本然光耀。在她們的前額有著白色的「OM」(嗡)字，喉部則有紅色的「AH」(啊)字，心輪中央則有藍色的「HUNG」(吽)字。這些種子字和諸佛的身、語、意三金剛是無二無別的，你應該如此觀想。有些儀軌中表示，前額、喉部和心間分別有蓮花、月輪、金剛杵，其內則為上述「OM」(嗡)、「AH」(啊)、「HUNG」(吽)三個種子字。此處則並未提到這樣的細節，因此，你可以單純觀想這三個種子字即可。

觀想的三個準則

對於凡俗世間和尋常有情眾生的經驗和感知，即稱為「清淨的基礎」。真正能清淨的方法，則是對所依和能依整個壇城的修持。藉此，我們對於凡俗感知的執取，淨化成「身為聖性本尊」的覺受。這讓我們為了圓滿次第的非凡了悟打下基礎。要全然做到觀想的所有程序，我們就要具有以下三個準則：尊身明顯、堅固佛慢、清淨憶念。

尊身明顯

要使觀想清晰呈現，首先要積聚資糧。依據儀軌的「瑜伽法」修持，觀想三昧耶壇城，迎請並融入智慧輪，接著進行頂禮、供養、讚頌，以及其他修持。不要僅僅是大聲讀出法本，在儀軌的每個段落裡，心中都應該清晰呈現所有的觀想。從主尊的頭頂，一直到寶座的基底，全然清楚明瞭。無論是主尊的臉部、手掌、手臂、顏色、嚴飾、衣著、面容等，都盡力讓這些了然於心。最終，對於整個身相的感知便可清晰明亮。

一旦你對主尊的觀想能清晰呈現，便逐一進行對其他周圍本尊的清晰觀想。同時要延續對天宮聖殿、周遭、聖殿外之淨土的觀想。其次，觀想火焰金剛保護輪，每個細節都按部就班地在心中呈現。有時，你可逐步由外而內，從外面的天宮聖殿、周圍本尊開始觀想，接著才是主尊觀想。無論你如何來修，對於壇城和本尊都要有清晰的呈現，千萬不要讓步於呆滯、昏沉、掉舉或心不在焉，要專心一志而不受打擾地生起所觀想的對象。剛開始要進行短時間但重複多次的觀想，逐漸地加長時間，直到你在課修時能從頭到尾地清楚觀想所有對境，猶如乾淨鏡面中的影像。鏡面上，可能同時出現許多的影像，依照這個法門，所依和能依（包括聖殿和本尊的整個壇城）都能在心中全然出現。請記住，儘管他們猶如水中月影或空中彩虹般毫無實質，但他們全都栩栩如生而光彩煥發。這是你該如何修持「尊身明顯」的方法。

堅固佛慢

我們也需要培養「堅固佛慢」。無論我們觀想的是所依和能依的壇城，他們實際上都等同於究竟的佛果。換句話說，這是全然圓滿的果位，就在此處、此時。你要擁有這樣的確信，對於心中所觀想、所形塑的一切，要達到生起佛慢的程度。知道它從未離於它的自性，這即是「平等味」（equal taste）的意義。藉由生起佛慢，我們能克服執著有個自我的凡俗概念（這是基於五蘊、五大、個人的姓名等等之類事物的概念），而代之以一切都是本尊的身相與自性。

無論觀想是否完整清楚，你應該仍要生起這個感受：「實際上，我從最初之時，即全然具足尊貴三昧耶度母的證悟身、語、意、功德和事業，這位度母是令諸佛受生的母親。」同樣地，也要有這個態度，認為：「我體現一切勝者和其子嗣（佛與佛子）的三密事業於一身。」生起這樣的自信，莫要矯揉造作，而要經由修持，直到能完全誠心且真實地具有自信，那時你便能不再執意自己是個凡俗之人了。

清淨憶念

第三個準則為「清淨憶念」，這有兩個層面：象徵性的清淨和真實的清淨。象徵性的清淨如下：度母的單一面容象徵一切現象即是一味——真如；度母的雙臂則象徵「方便」和「智慧」的合一。伸展的右足意指不住於極端的寂滅涅槃；盤起的左足則代表超越了輪迴的存有。由於她顯現為能成就一切之智慧佛部的主尊，因此她的身色為綠色。

度母有著祥和的微笑、慈悲的面容，這象徵她對有情眾生的慈愛。她的右手持著勝施印，象徵她能賜予行者成就，或讓任何想要修持度母法門的人能有所成就。她的左手持著三寶施救印，象徵她讓有情眾生毫無畏懼。度母手中握有藍色的烏巴拉花，象徵她的事業無所阻礙。

度母的頭髮盤於頂上，其餘則自然垂掛於背脊，這象徵她全然圓滿一切善德，並同時接納其他眾生。絲衣和細長褲象徵她究竟解脫而不受煩惱折磨；珠寶嚴飾則代表以智慧為莊嚴，而不拒斥感官愉悅；六種骨飾象徵著圓滿了六波羅密。度母和佛父「金剛勝馬」雙運，象徵著善巧方便和智慧的合一；在此，「善巧方便」意指大樂，和智慧的究竟不變之顯現層面無二無別。

四位天女，也就是度母的光耀，這些眷屬象徵著其他四種智慧。四方大門的度母，也就是四位守門者，象徵著四種事業的任運圓滿。天宮聖殿象徵著三十七道品──徵示、意義、象徵在此都以形色顯現。無可摧毀的金剛圍欄象徵不受概念所擾；外圍火焰、周遭一切，象徵徹底打敗念頭構想的習性。藉由上述方式，當你心中想到這些層面之時，便憶念它們各自的意義。同樣地，這個修持也能夠逆轉我們對一切凡俗感知的執取。

在口授傳承中教導，若有人無法於心中想到所有這些樣貌，便應至少逐一憶念它們的清淨象徵意義。接著，把所有的象徵意義結合為一種心態。方法是要能了知這個天宮聖殿、佛土、度母和整個壇城，都是諸佛的法身智慧和不可思議的功德，是由神妙的慈悲所化現而出的。為了要象徵智慧、慈悲等的一切功德，而有各自特定的外相。對於初學者來說，以這樣的虔誠來修持，足以近似於真正且寬廣的「清淨憶念」了。

不要以為在你所觀想的本尊之外，還有更為無上的本尊，認為：「嗯，我是這麼在做，不過還有其他更好的。」這就不是「堅固佛慢」。認為自己等同於度母的那種「堅固佛慢」，是要了知自己的自性和般若佛母（究竟度母）是無二無別的。

「清淨憶念」的真正意義如下：我們所修持的上述整個壇城，都不要視為是具有物質性和實體性的存在，你也應該完全不執著於「我是我自己」的這種凡俗感受。不受凡俗感知方式的束縛，意思是你所經驗的一切是沒有任何具體自性的，一切都完全沒有實質性。要思惟：「這是我的心，它是空性的，顯現為本尊的樣貌。本尊和我自己空性的心是相同的，在我自己的心之外並無本尊的存在。如此這般，顯相和空性其自性是相同的。」要了解這一點。這和《心經》中的陳述是相呼應的：「**色即是空，空即是色；色不異空，空不異色。**」

綜合上述，生起次第運用了「尊身明顯」、「堅固佛慢」、「清淨憶念」這三個準則，以獲得成就。行者藉由長期以這三個準則來修持，便能逐漸對「三境地」（the three fields）了然於心，這三境地為所修對境的三種層次。最終，你將能獲得圓滿成熟的「四明顯量」（the four measures of clarity）和「四穩固量」（the four measures of stability）(5)。這將終結我們對凡俗感知的執取，也是「成」（成就）的最高階段，此時你已經達到生起次第的最終層次。[6]

起始瑜伽的第二個修持：持誦

起始瑜伽的第二個修持為「持誦」。這和金剛語的因地（cause）相呼應，目的在於清淨三門的染污。我們應該要了解，「咒語本尊」（mantra deity）是從咒語的持誦中所生起，「智慧本尊」（wisdom deity）則是以成就咒語為因所得到的果。以此為因，你隨後便能逐漸藉由咒語來了證智慧本尊的成就。據說：「**要以如風的持誦，來煽動如火的生起次第。**」如此這般，你將迅速帶來禪修的力量。容我在此強調，持誦能帶來證得本尊的力量，是因為事物的自性使然。

持誦的本身有五個部分，各自對應著證悟的身、語、意、功德和事業。以下對於每種持誦加以說明。第一為「身」的持誦，這是為了要清淨染污。觀想你自己顯現為三昧耶度母的身相，心輪中央有智慧尊金剛亥母，身色為深藍色。智慧尊手握鉞刀和盛滿血液的顱器，舞姿莊嚴，挺直站立於蓮花日輪上。在她的心輪中央，有著日、月輪相合的圓域，其內有三摩地尊（或稱「禪定尊」），為綠色的種子字「TAM」（當母）。你要持誦的咒語如花鬘般圍繞於種子字的四周。從那咒鬘所放射的光芒，就像早晨的陽光照在清淨水晶上那般明亮。光芒四射，充滿你整個身體內部，這些毫無阻礙的光耀瞬間便清淨你的整體，就如同升起的陽光立即且全面地驅散所有的黑暗。所有的兩種遮障，以及從無始以來所造的一切串習，即刻便盡然斷除。在做上述觀想之時，你便持誦「身」的咒語。

第二為「語」的咒語，它能讓加持如雨般降下。在此，我們運用和第一個持誦相同的基礎，這裡的特定觀想，則是所持誦的種子字咒鬘要向十方放光。光芒無邊無際，轉變為不可思議的無量供養雲。將這些悅意的供養獻給各處的佛陀與菩薩，而他們各自以身、語、意的加持，以及殊勝和共同的成就作為回贈。諸佛菩薩的五重智慧財化為光和光域，返回並融入你，你因此變得和這所有的加持無二無別。在你觀想上述的同時，持誦「語」的咒語。

第三為「意」的持誦，它能激起或引發大樂。從心輪中央的種子字「TAM」（當母）其最上端的「那達」（nada），咒語如鎖鏈般毫無止盡地出現，從佛母的口中流出並進入佛父的口中。咒鏈經過佛父之身而往下到達密杵之處，並進入佛母空密處中，上升至心輪中央並融入種子字之中。咒鏈持續這般從不間斷，好似迴旋的火把般產生了光流。如此環行於佛父、佛母兩者的身體中央，大樂的智慧便生起，因此獲得了大手印的無上不變成就。當你持誦「意」的咒語時，要將上述牢記在心。身、語、意這三種咒語，各要持誦十萬次。

第四為「功德」持誦，它能使壇城全然圓滿。此處的觀想如下：在種子字的周圍，特定的功德咒語旋繞如花鬘一般。從你自身和所有其他的壇城本尊，出現了和你身相相同而大小不一的度母，有的巨大、有的微小。由翠玉色的咒鬘又顯現咒鬘，由心輪的中央則流現本尊各自的象徵性法器，以及猶如一束陽光中之塵數那般無量的五色光芒，這些全都充滿在寬廣的虛空之中。觀想所有勝者的三根本壇城，由於這些殊勝無比的供養而悅意，三界的一切有情眾生也清淨了各自的兩種遮障。無論出現什麼，或聽見、想到什麼，一切都是本尊、咒語和本初覺性的戲耍，萬事萬物其後融入而返回於你自身。進行這些觀想，同時持誦「功德」

咒語四十萬次。

第五為「事業」持誦，它能讓所有的事業圓滿達成。當你完成上述四種持誦的咒語次數之後，便觀想從所有壇城本尊的前額、喉間、心中、臍間，出現了白色、紅色、藍色和黃色的光芒，這些無量的光芒遍布宇宙。一切有情眾生的身、語、意，因此而免於八種主要的恐懼（八大怖畏）和其他十六種的恐懼（十六恐懼）。光芒任運自然地成就了息災（息）、增益（增）、懷愛（懷）、誅伏（誅）這四種事業。觀想上述的同時，持誦「事業」咒語陀羅尼四萬次。每座課修結束時，依《讚頌王續》反覆修持供養和讚頌。

起始瑜伽的第三個修持：圓滿結行

為了驅除在「持誦」階段中執取恆常的這類侷限，於每座課修結束時，要以如下方式將一切融入空性之中：主尊心輪中央的種子字放射光芒，將宇宙和眾生轉變為清淨的壇城。所有這些逐漸融入火焰之中，火焰融入金剛圍欄之中，金剛圍欄融入天宮聖殿之中，這聖殿是壇城的天宮。聖殿接著融入本尊眷屬之中，本尊眷屬則融入壇城主尊的雙運度母之中。佛父融入了佛母，佛母接著從肢端開始消失，先是頭部和足部等慢慢消散，其後往身體中央消散，直到只剩下種子字「TAM」（當母）為止。該字也漸次由底端向上消融，直到所剩只有纖細且極為細小的「那達」尖端。將你的注意力放在此處一段時間，直到某刻你也將此消融，平穩地安住於明覺的本空中。瞬間，你再次顯現為明晰雙運的本尊身相，猶如幻相一般。接著你繼續修持，將一切所見、所聽、所想視為證悟身、語、意三壇城的戲耍。完成這個修持後，便回向功德。如此便圓滿了四瑜伽的第一瑜伽。

隨後瑜伽

對於起始瑜伽生起次第已達到「尊身明顯」的修行者，接著便可著手修持隨後瑜伽。對於第二瑜伽，某部續法是這麼說的：

於汝心恆有（在你的心中一直駐留著），

不變唯一界（一個不變且單一的境域）。

嫻熟於此者（對於此域逐漸習慣的人），

必能識覺性（必定會感受到那覺醒性）。

這段陳述所指如下：為了讓那在你覺受中尚未生起的本初覺性能夠生起，或若它已生起而要使它穩定，便要觀想在你中脈的上、下兩端有著細微的圓域。在此這意指「AH」（啊）和「HUNG」（吽）。

更為深奧的方法，是要專注於「法性輪」（Dharmachakra）中央不可摧毀之界（明點，sphere）。若要修持這個方法，便要挺直身體，金剛雙盤坐姿，雙手握拳安放大腿上，以及依據一般所描述的其他要點，保持這個姿勢，以便約束五根。重點是要專注在心輪中央五個清淨明點的光域上，觀想這個光域明亮透澈，大小如芥子或豌豆。將注意力直指著這個光域，排除一切，而不受任何其他念頭所干擾。單純地專注於此，讓它佔有你所有的注意力。如此你將逐漸引發一切修行進展的徵兆，像是如煙的徵兆等等，都會一一出現。

當嫻熟於此且能穩定時，便不要再想著心輪中央的微小圓域。而是，單純地保持在本然的內在相續中，即根本自性的本具相續中，對於一切既不迎納，也不拒斥；沒有希冀，也無恐懼；不做投射，也不加專注。換句話說，保持並延續這個狀態，盡你所能地讓它持久，心中不起任何活動。

超勝瑜伽

第三瑜伽稱為「超勝瑜伽」（Exquisite Yoga），有兩個部分：實體（actual）和增益（enhancement）。

「實體」的修持

對於前述三個三摩地達到安穩，且對於本初覺性也有某種程度的覺受之後，便應首先修練風息。讓身體維持著七支坐法，並排除濁氣。除非出現特定的徵兆，否則便持續以金剛持誦計數，徹底地修持整個風息法（prana path）。在此之後，則要以寶瓶氣來修練風息法的四個部分，觀想四個輪。不斷地修練，直到你達到特定的圓滿層次。[(7)]

這些前行的預備步驟是為了調柔你的脈和風息。唯有當它們柔順之後，才有可能開始修持印侶法門（phonya path），也就是實體的修持。當這個時機來臨，就需要徹底將你自己的身體修練為「方便」（the upaya，即指可供使用的方法）。一般來說，現今的人們並不進行和別人身體一同修練的方式；而是以他們自己的身體作為善巧方便的法門基礎，同時觀想修持印侶法門。[(8)]

若瑜伽士已逐漸熟悉於以他或她的自體來修練的方式，且對此已獲得安穩的樂空不二之三摩地，該位瑜伽士接著便可和他人的身體一同來做實體的修持。為了修練這個法門，首先要召請、檢視，並且將這位具格印侶的內在智慧引導到某種程度。最初要教導不了義和了義的法門，以便清淨他們的整體相續，這是前行。正行的部分則如前述修練自體的方式所描述的，漸次修持並獲得圓滿。

「增益」的修持

第二部分為「增益」的修持。在修練雙運之道──樂、暖、無念這三重智慧──之後，伏藏本文之意是你應該成就三身合一之果。你可能已然藉由前述方便之道開展大樂，但若尚未生起「暖」的覺受，就必須以拙火瑜伽作為支持。(9) 對此，有特定的瑜伽練習，適合讓你進行並運用。

大瑜伽

第四瑜伽稱為「大瑜伽」(Great Yoga)，是無念的增上。藉由特定的「HUNG」(吽) 持誦和觀想，如虛空寬廣的無念覺性三摩地會任運自然地超越中央和邊際，變得絕對地無邊無際。當此出現之時，全然不必再專注於風息法，也可不理會任何其他種類的刻意念頭構想。

在你能中止這些之後，就修練本初的自生覺性。這自生覺性從最初時便全然超越構想，自性即是明晰的覺醒性。這是「無三的第四部分」(the fourth part without three) [10] ──真正、非造作、即刻的覺醒性。認清它的本體，單純地延續它的本然，愈久愈好。讓所有相對的現象，在這究竟自性的不可思議本空中全都竭盡。如此，你便達到本來的解脫地（the original ground of liberation）。第四瑜伽至此講述完畢。

結語

蔣貢・康楚在呈現幾句詩偈之前，他先描述這個修法何以是漸次教言的整個修道，而此修道何以能究竟圓成具足四灌的無上道，來總結他這篇以度母為本尊，而求證了悟的漸次道之釋論。蔣貢・康楚說道，金剛乘其殊勝的善巧方便，讓你能在一生之中即獲致證悟。若你有著虔誠、精進和清淨的三昧耶，並且盡力修持這個法門，你將藉由「指示喻智慧」（指出的「譬喻智慧」，indicating example wisdom），而在不久的將來了證內在的大樂，後者即是「指示義智慧」（經由指出的究竟智慧，indicated ultimate wisdom）。度母是妙觀察智的顯現，妙觀察智的自性即是明覺，她是迅速實踐一切佛行事業的勇者，她就等同於是證悟的事業──超越我們心智所能臆造和揣測的限度，並且有著不可思議的善德。度母圓滿了所有的功德無盡莊嚴輪，這是果地的二十五種功德──身、語、意、功德、事業各五種功德。簡而言之，透過象徵性的意義，你將了證本初覺性的真正狀態。就在此生之中，你將成就究竟無毀且不敗、不變的甚深精要金剛度母，她是般若波羅密多佛母。以下是蔣貢・康楚的詩偈：

看看這裡啊！從那心意寶藏之中，由那智慧的廣空之中，

我開啟了這個寶篋，其中裝滿能使諸善緣弟子增益的無價珍寶，

還取出一顆如意寶，那是從未曾有人聽聞過的深奧教言，
並把它放在最勝密意的旗幢之頂。
為了要圓成兩位伏藏大師的心願，
為了要維護持法者的壽命，並延續他們的高貴行止，
願此甚深法教的修持能達至圓滿，
以讓世界處處可見二成就（共與不共）的悉地。

最後，蔣貢·康楚說明，他是親自而完整地領受這些具有成熟灌頂和解脫教言的深奧度母法教，當時全知的多傑·悉吉·雜（Dorje Ziji Tsal，蔣揚·欽哲·汪波的另一個稱呼）獲贈一尊極具加持的塑像，而且認定它與度母無二無別。蔣揚·欽哲·汪波不僅極為慈悲地將它賜法予蔣貢·康楚，並指示他要透過撰寫合宜的釋論，來傳揚這個法教。

在此之後，有段長時間釋論尚未完成，蔣貢·康楚補充說道，他之所以讓時間流逝的原因是，這個深奧的教言是融合經部和續部的伏藏本文，在用語上極為深奧而精簡，因此應該要加以完整地詳述，然而，若要如此來寫釋論，便會顯得文字過多。儘管如此，若只呈現簡要的版本，又幾乎毫無利益。當他到了七十八歲時，不斷地想到應該要完成上師的指示。因此，他把伏藏本文僅僅當作大綱，並選擇長短適中的文字來撰寫釋論。寫作的地點是在宗修·德謝·度巴（Dzongshö Deshek Düpa）這個閉關處，此處是大成就的聖地。這部釋論的作者署名為「老瑜伽士羅卓·泰耶」（old kusulu Lodrö Taye）[11]。願善德增長。

對於《三勝法的精要口訣》此一聖救度母修法指引的教導，至此圓滿。

【附錄一】

第十五世大寶法王對度母的描述

尊貴的聖救度母是十方一切諸佛菩薩的智慧化身，從究竟義來看，度母於本初即已證得本覺，此即「般若波羅密多佛母」的真正精髓。然而，為了讓凡夫徒眾能理解度母的相關背景，以下將藉由故事來描述度母。

在久遠劫前，有個世界稱為「無量光」（Myriad Lights；或「種光」，Multicolored Light），有位佛陀稱為「鼓音王如來」（Drum Thunder）。那時的度母身為「智慧月」（Wisdom Moon）公主，在這位如來面前，初次發願要證得無上正覺。也是在此時，度母誓願要以女身利益一切眾生，直至輪迴盡空為止。

依此宏願，她日夜地修持，而能在一日之間，解脫一千億位有情眾生脫離世俗的心性狀態，令他們證得「無生法忍」（acceptance of the nonarising of all things，能安忍於法界一切之無生自性的真諦）的境界。她受稱為「聖救度母」（Sublime Savioress），僅是憶念度母的名號，即可驅除輪迴之苦和涅槃寂滅之失。

其後，度母於不空成就如來之前，發願保護十方一切眾生免於恐懼和各種傷害。在另一處，度母就如觀世音菩薩其智慧之化身一般，輔佐觀音菩薩度脫一切眾生。如此，度母的示現超越凡俗思惟所及。

尤其，於此賢劫的世界中，大悲觀音菩薩除了在印度的普陀山上，教導了金剛乘的一億度母續法，甚且直到此五濁惡世，仍依據眾生的不同根器，持續教導了中等長度版本和簡短版本的度母續法[1]。這些修持能止息八種和十六種恐懼，並引生一切所需和所欲都能如意滿願。究竟來說，經由這些修持，將能了悟大手印的智慧身。過去已有關於修行者修持度母法門的無數奇妙故事，能佐證上述這項說法。

既然聖救度母是諸佛總集於一身的事業，她的加持比任何其他的本尊都來得迅速。博學且有成的印度和西藏大師，又大多以度母為主要修持而證得成就。所以，今日我們才有如此大量關於聖救度母的修持和指示。

【附錄二】

蔣揚·欽哲·汪波開示的二十一尊度母

度母法門的修持包括對二十一尊度母的禮讚，她們保護眾生免於二十一種有害的勢力。以下根據蔣揚·欽哲·汪波的著作，逐一描繪其中二十尊度母的化現[1]。

一、息災白度母（救災難度母）：她保護眾生免於情器世間的一般衰敗、厄運逆境、有形和無形眾生的攻擊、一切疾病、邪魔勢力、惡意詛咒、黑幻術、爭鬥衝突，以及概念分別的思考。

二、救地災薄伽梵金剛度母（救地災度母）：她保護眾生免於外在世界的地震、雪崩和山崩，以及由傲慢煩惱所引發的內在疾病和邪魔勢力。

三、救水紅度母（救水災度母）：她保護眾生免於外在世界的一切水難，包括洪水、船難、飲用水污染、溺水，以及由貪愛煩惱所引發的疾病和邪魔勢力。

四、救火災度母：她保護眾生免於外在世界的火難，包括野火、縱火，以及由瞋怒煩惱所引發的疾病和邪魔勢力。

五、救風災度母：她保護眾生免於外在世界的風災，由惡靈所引發的颶風和風暴，以及由疑忌煩惱所引發的疾病和邪魔勢力。

六、增益黃度母（增福慧度母）：她增加世界之各種財富與豐饒，以及智能和口才。

七、救隕電雹災度母（救天災度母）：她保護眾生免於因惡靈或詛咒所引發的傷害，包括以隕石、閃電、雹暴、猛烈風雨、雪災等形式出現的災難，以及由貪愛、瞋怒、疑忌煩惱所引發的疾病和邪魔勢力。

八、救兵災度母：她保護眾生免於外在世界的一切征戰和打鬥、壓制者的迫害，以及由瞋怒和疑忌煩惱所引發的疾病和邪魔勢力。

九、救王難度母（救獄災度母）：她保護眾生免於外在世界由統治者、長官和首領而來的敵意、囚禁和刑罰，以及由瞋怒、自負、渴求和忌妒煩惱所引發的疾病和邪魔勢力。

十、救盜難度母：她保護眾生免於外在世界由盜賊、搶匪或小偷而來的搶劫、偷盜和謀殺，以及由疑忌、貪愛、瞋怒和貪婪所引發的疾病和邪魔勢力。

十一、懷愛救度母（增威權度母）：她因掌控外在現象和內在風心（prana-mind），而保護眾生免於痛苦，並給予一切所需、所求之支配力。

十二、救魔難度母：她保護眾生免於外在世界的三種惡靈，以及由八魔所引發的疾病和邪魔勢力。

十三、救象難度母（救畜難度母）：她保護眾生免於來自猛怒而大力的動物、大象、馬匹、水牛、家畜、野獸等的攻擊，以及由自大和凶殘所引發的疾病和邪魔勢力。

十四、救獅難度母（救獸難度母）：她保護眾生免於外在世界來自獅子、老虎、獵豹、大熊、野狼、豺狼的攻擊，以及由瞋怒、渴求、疑忌和傲慢所引發的疾病和邪魔勢力。

十五、救蛇難度母（救毒難度母）：她保護眾生免於來自毒蛇、蜘蛛、蠍子、患有狂犬症的狗隻、其他有毒生物等的攻擊，以及由昏沉、惡意、貪求和邪見所引發的疾病和邪魔勢力。

十六、降伏黑度母（伏魔度母）：她保護眾生免於各種的黑幻術、詛咒、符咒、瘟疫，以及一切有形和無形的邪魔勢力。

十七、救疾難度母（藥王度母）：她平息由環境、植物等所引起的疾病，特別是因身體五大不調而造成的疾病，以及保護眾生免於由兩萬一千種內在干擾所引起的疾病、傳染病和邪魔勢力。

十八、免懼死度母（長壽度母）：她保護眾生免於外在世界中，讓人無法持續修行生活的直接或間接反對勢力，以及因內在妄念之流所導致，而無法維護自己生命的恐懼。

十九、免懼衰度母（寶源度母）：她保護眾生免於外在世界中有關財富、經濟和十善行的衰退，以及由慳吝、疑忌和渴求所引生的貧窮之苦。

二十、免懼失度母（如意度母）：她保護眾生免於外在世界中有關生意、農耕或任何其他計畫中的無功努力，以及因執著、瞋恨、競爭和猶豫所導致的擔憂、不幸和內在苦痛。

上述內容節選自蔣揚・欽哲・汪波和第十五世大寶法王所撰寫的《秋林・德薩》（*Chokling Tersar*）灌頂手冊。

楚喜・阿帝仁波切表示，偉大的西藏大師多羅那他曾寫下有關度母如何生起證得無上菩提宏願的故事，她所經歷的生世之流，以及最後如何成就覺者真實的圓滿證悟，內容詳細且啟發人心。

注 釋

(1)為原注；[1]為譯注

祈願文

[1] 此段原文提及 free of thought，應是形容悲心，因此解釋為「無緣」悲心，而非「離念」。

前言

[1] 不確定是作者的哥哥或弟弟。

[2] 前言撰寫者的姓名 Tara Bennett-Goleman 中，Tara 即是度母之意，古譯為「多羅」。

序言

[1] 「止」(shamatha，音譯「奢摩他」)：意指寂靜、能滅，止息一切雜念、不善法等，故能止息諸散亂煩惱。

[2] 「觀」(vipashyana，音譯「毘婆奢那」)：修「止」是為了平息心中一切動亂，而在此階段並不允許思惟。由「止」可導引至第二階段的「觀」，此時則運用「止」的力量來探討真理，並非用意識來思惟。

[3] 金剛瑜伽女(Vajra Yogini)又稱「金剛亥母」，是表示眾生本有般若波羅密多自性的佛母，有多種傳承與身形。

[4] 康地(Kham)是指西藏東部地區。

(5) 藏文名稱為 *dgongs gter sgrol ma'i zab tig las | legs so gsum gyi don khrid bzhugs*。

[6] 囊謙位於青海省最南端，與西藏自治區的昌都毗鄰。昔日囊謙是東藏(康地)五個獨立王國之一。

導論

(1) 出自查爾斯·路克(Charles Luk)翻譯之《維摩詰所說不可思議解脫經》(*The Vimalakirti Nirdesa Sutra*, Boston: Shambhala Publications, 1972)，頁 78–79。

[2] 依照波卡仁波切於《度母》一書的解釋，傳統說法是度母能保護眾生免於八大恐懼或危險，例如象、獅、蛇、火、水、盜賊、牢獄和非人(如鬼神)等。在古印度時代，這八種危險顯然是人類最大的挑戰。而另一種說法則是認為，八種怖畏可指煩惱，這些是最主要的危險，因為它們可能導致我們

做出負面的行為，八種怖畏分別為：無明（象）、傲慢（獅）、嫉妒（蛇）、瞋恚（火）、執著（水）、邪見（盜賊）、慳吝（牢獄）、疑惑（非人）。另外，《時輪續大疏第一攝略品》中云：「怨敵、雄獅、大象、火災、毒蛇、盜竊、獄難、水災、羅剎、病魔、尋香、貧困、離親、王法、瀆犯、事衰等怖畏，此為眾生十六種怖畏」。

(3) 「她的右手持勝施印（supreme giving，又名「與願印」），轉變為護佑印，在此手印之下，我和一切祈求依怙的眾生，都因此免除所有的恐懼。既然你自己是以度母的身相顯現，便觀想任何尋求庇護的眾生都來到度母的右手下方，包括以平凡身相出現的你在內。有些人會因此認為度母有個很大的手掌，但只要觀想最需要庇祐的眾生在她手掌的正下方，而其他眾生則聚集於此周遭即可。」引述自烏金・多傑（Orgyen Tobgyal）仁波切於 2002 年未出版的開示。

[4] 吉噶・康楚（Dzigar Kongtrül）仁波切1964年生於印度北部，是秋吉・林巴仁波切的么子，九歲時被認證是蔣貢・康楚・羅卓・泰耶仁波切的轉世。1990年起在科羅拉多州的那洛巴學院擔任教授，並在該處成立龍欽吉美禪定林（Jigme Samten Chöling）禪修中心，弘揚法教。

(5) 「我個人非常喜愛這個《卓瑪・雜地》的度母法。於秋吉・林巴所具備的七傳伏藏當中，這個法來自於心意伏藏。這個修持包括外、內、密的儀軌，此度母修持是與以下這個特定灌頂有關，又稱『開許加持』（permission blessing）或『託付儀式』（entrustment），是由蔣貢・康楚所寫的《二資糧精要壇城儀軌》（*The Mandala Ritual that is The Essence of the Two Accumulations*）。《卓瑪・雜地》十分廣傳，幾乎所有寧瑪派的行者和大多數薩迦派和噶舉派的行者都在修持。奇怪的是，他們並不知道誰是作者，因為書末標記並未收入法本中，而是放在隨後的內儀軌和密儀軌之後。因此，你或許可說，它的尾段不小心被切掉了。這個度母法有不可思議的加持，現任的宗薩・欽哲仁波切告訴我，他認為這個度母修持為秋吉・林巴所取伏藏中最為深奧的法門，他在不丹每年都以個人名義資助完成十萬次該法的修持。」引述自烏金・多傑仁波切於 2002 年未出版的開示。

[6] 普巴金剛（Vajra Kilaya）：寧瑪派無上瑜伽的主要本尊之一。「普」表空性，「巴」表智慧，「普巴」即空性與智慧融合成不二體性。普巴法的修持在於斷除一切自我的貪執，消除內心的恐懼，如此才能了解法界性。

[7] 多羅那他（Taranatha, 1575–1638）是十七世紀的西藏著名學者，他因精通梵語而聞名，最著稱之處為翻譯續法，留下許多與度母相關的著作和時輪金剛的釋論，皆受他所開創的覺囊教派（藏傳佛教八大修持傳承之一）

所尊崇。

(8) 引述自阿帝仁波切的口授教導。

(9) 引述自祖古．烏金仁波切的開示，收錄於《重述佛陀之語》(*Repeating the Words of the Buddha*) 一書。

(10) 引述自祖古．烏金仁波切的開示《如是》(*As It Is*, Boudhanath：Rangjung Yeshe Publications, 2000)，第二卷，頁 83。

(11) 同上，頁168。

(12) 同上，第一卷，頁34。

(13) 引述自祖古．烏金仁波切於1984年未出版的開示。

(14) 詳細請見《大圓滿精要》(*Dzogchen Essentials*, Boudhanath：Rangjung Yeshe Publications, 2004)。

[15] 「心意伏藏」(gongter) 是指直接從一位偉大的上師心中所發掘出的伏藏，是無須實體物質的伏藏。以這種方式所取出的教法，是因上師於前世曾為蓮花生大士其中一位弟子之時，被深植於「無法摧毀的境地」之中。

(16) 稱為《二成就之精要：依據《度母甚深精要》(《卓瑪．雜地》心意伏藏) 闡明「三勝法的精要口訣」法》(*The Essence of the Two Attainments: A clarification of The Essential Instruction on the Threefold Excellence, According to the Mind Treasure Drölma Zabtik, The Profound Essence of Tara*；藏 *dgongs gter sgrom ma zab tig las, legs so gsum gyi don khrid gsal bar bkod pa grub gnyis thig le zhes bya ba bzhungs so*)。(譯注：收錄於頂果．欽哲版《大寶伏藏》第五十八函。)

本論

[1] nada (那達)，藏文中一個特別的形狀稱之，有時會出現在字的最上方，但並非總是出現。

[2] 「三摩地」(samadhi) 或稱「三昧」，意為「等持」，只要心不散亂，專注於所緣境，皆可稱為「三摩地」。龍樹菩薩在《大智度論》中解釋，專注或稱禪定的前四層境界是各宗教所共有，例如印度教、回教神秘主義派別的蘇非派和基督教聖徒所普遍述及的，便是佛教所稱的色界四禪定。而更高、更深的無色界四無色定，龍樹菩薩則稱之為「三摩地」。依據陳健民瑜伽士的說法，習禪的整個過程可用身體來做比喻：「止」是腳，「觀」是身軀，而「三摩地」是頭顱。

[3] 此藏文的羅馬拼音為 brda thim (達聽)，字面意義是表示文字融入或壞滅，但經常另有深意，故通常只音譯而不意譯。

[4] atiguhya（阿底古亞）是梵語，ati 有很多意思，也許勉強可說是意指「無上」，guhya 意指「祕密」，經常另有深意，故通常只音譯而不意譯。

總論

[1] 根據舊譯派的分類系統，九乘分別為聲聞乘、緣覺乘、經乘，以及密乘之六續部——包括屬於三外續之事續（又稱「作續」，kriyātantra）、行續（caryātantra）、瑜伽續（yogatantra），以及屬於三內續之瑪哈瑜伽（又稱「大瑜伽」）、阿努瑜伽（又稱「隨瑜伽」、「無比瑜伽」，anuyoga）和阿底瑜伽（又稱「極瑜伽」、「無上瑜伽」，atiyoga，即「大圓滿」）。

(2) 幻相的八個譬喻有不同的版本，包括：水中月影、視覺幻影、海市蜃樓、夢境 、回音、食香鬼（gandharvas，音譯「乾闥婆」）之城堡、幻覺、彩虹、閃電、水面泡沫，以及鏡中影像。

[3] 五色代表五佛、五智、五蘊與五大元素。白、藍、黃、紅、綠五種顏色分別對應空、風、地、火、水五大元素。

第一章

[1] 通常是指三年三個月的閉關，以完成共加行和十一萬一千一百一十一次的不共加行。

(2) 班噶．蔣巴．臧波（Bengar Jampal Zangpo）的著名誦文。

[3] 薩拉哈（Saraha）為印度八十四大成就者之一，出生時雖身為婆羅門，但對佛陀的教法卻具有無上的信心，其後也因修持佛法而成就非凡。畫像中他通常手持弓和箭，因為他本身就是一位工匠師。他一輩子都在製造弓箭，但他並未違犯殺生的原則，反而度人無數，且證得大手印的最高成就。

[4] 「那洛六法」（six doctrines of Naropa）是印度大成就者那洛巴所傳的六種瑜伽，包括：（一）拙火；（二）幻身；（三）睡夢；（四）奪舍（已失傳，目前通常以光明瑜伽來討論）；（五）中陰；（六）遷識。

[5] 「六等味法」（藏 ro snyom skor drug）：由惹瓊巴（Rechungpa）依照印度論典所撰寫並隱藏，再由臧巴．加瑞（Tsangpa Gyare）取出，後者創立了竹巴噶舉，此法也成為該派的特別法門。

[6] 「七支吉祥因緣訣」（藏 rten 'brel rab bdun）：竹巴噶舉的特別法門，乃因臧巴．加瑞於聖地雜瑞（Tsari）淨見到七佛，由七位佛陀所傳予的法門。

(7) 阿帝仁波切提到：「在秋吉．林巴所取的伏藏中，還有一部度母法，稱為

《度母二十一尊壇城》，是與《巴切・坤瑟》(Barchey Künsel）有關的四位除障本尊其中之一，該法我也在修持。」

[8] 耶喜・措嘉（Yeshe Tsogyal）：蓮花生大士的親近弟子之一，也是他在西藏的佛母，協助他隱藏諸多伏藏法要，並幫助佛法於西藏弘揚。

(9) 該洞穴位於西藏東部德格（Derge）附近的宗囊（Dzomnang）之謝普山（Shelpuk）。

(10) 一般稱為《法華經》或《妙法蓮華經》(*The Saddharma Pundarika Sutra*，譯注：姚秦鳩摩羅什譯，共7卷，28品，收錄於《大正藏》第9冊）。

[11] 巴楚（Patrul）仁波切在《普賢上師言教》(*Words of My Perfect Teacher*）中提到，地獄眾生猶如大地微塵，餓鬼眾生猶如恆河沙數，傍生猶如酒糟……阿修羅就如飄雪時的雪花，人跟天人就如手指甲上的微塵。

[12] 八熱地獄包括等活地獄、黑繩地獄、眾合地獄、號叫地獄、大叫地獄、炎熱地獄、極熱地獄、無間地獄。

[13] 八寒地獄包括嗚咽地獄、疱起地獄、疱裂地獄、齒顫地獄、裂如青蓮地獄、裂如大青蓮地獄、裂如紅蓮地獄、裂如大紅蓮地獄。

[14] 地獄有所謂「四類十八地獄」,「四類」即八大地獄、近邊地獄（遊增地獄）、八寒地獄、孤獨地獄。其中最主要的是八大地獄，因位於地球地心深處，熔爐奇熱，故又稱「八熱地獄」。近邊地獄靠近八熱地獄，是位於無間地獄周圍的十六個地獄，每一方由內至外分有煻煨坑、屍糞泥、利刃原、無灘河或說鐵柱山地獄四個，四方共有十六個近邊地獄。經歷近邊地獄之苦的眾生有兩種，第一種是生於八大熱地獄者，在業報快盡時，便有機會逃出八大熱地獄，來到近邊地獄中。第二種則因某種特定惡業成熟，而直接生於近邊地獄。

[15] 《正法念處經》卷16〈餓鬼品〉第四之一提到三十六種餓鬼：鑊身餓鬼、針口餓鬼、食吐餓鬼、食糞餓鬼、無食餓鬼、食氣餓鬼、食法餓鬼、食水餓鬼、悕望餓鬼、食唾餓鬼、食鬘餓鬼、食血餓鬼、食肉餓鬼、食香煙餓鬼、疾行餓鬼、伺便餓鬼、地下餓鬼、神通餓鬼、熾燃餓鬼、伺嬰兒便餓鬼、欲色餓鬼、海渚餓鬼、執杖餓鬼、食小兒餓鬼、食人精氣餓鬼、羅剎餓鬼、燒食餓鬼、不淨巷陌餓鬼、食風餓鬼、食火炭餓鬼、食毒餓鬼、曠野餓鬼、塚間住食熱灰土餓鬼、樹中住餓鬼、四交道餓鬼、殺身餓鬼。

[16] 三類信心（threefold trust）在此所言即是對於佛、法、僧的三個信心。也可能是如下所說:（一）淨信:對三寶生起歡喜的信心。（二）樂信或欲信:信賴三寶並祈求得到三寶的加持和功德。（三）勝解信:真正看到三寶的功德、力量，而嚮往證悟的成就，確信三寶是我們究竟的皈依處。

[17] 此處英文「a lotus flower resting stop a moon disc」（蓮花在月輪上）說法有些奇怪，不同於一般的觀想，譯者猜想可能是 resting 前面少了個逗點，在此略過細節。

(18) 詳見〈導論〉注(3)。

[19] 「靜慮」（dhyana）音譯為「禪那」，意指思惟修，即住心一境而冥想妙理。禪那包括一切共同或世間的禪定，它的範圍是由色界初禪天以上直至證得阿羅漢果為止。

[20] 「六根本煩惱」為：（一）貪；（二）瞋；（三）癡；（四）慢；（五）疑；（六）不正見，包括身見（執取五蘊根身）、邊見（執取常、斷二見）、邪見（謗無因果，壞諸善事）、見取見（執持成見，非果計果）、戒禁取見（執持不正戒，非因計因）。

[21] 「九結」分別為愛結（貪愛）、恚結（瞋恚）、慢結（驕慢）、癡結（愚癡）、疑結（疑正法）、見結（身見、邊見、邪見等）、取結（見取見、戒禁取戒）、慳結（慳惜財物）、嫉結（嫉妒他人）。

[22] 《菩提道次第廣論》云：「福業者，謂欲界所攝善業；不動業者，謂色、無色地所攝有漏善業。」

[23] 有漏禪定（the conditioned meditative states）：因為受到制約而不圓滿，所以稱為「有漏」。色界天的「四禪」、大梵天的「四梵住」，以及無色界天的「四空定」，這十二支禪是開展心地的漸進歷程，皆非佛教所特有，且未必能帶來解脫。它們又稱為「基本禪定」，因其為高深禪修的基礎；或稱為「無明禪定」，因即使不懂或只懂一些佛教哲理，也能獲得這些禪定；或稱為「有漏禪定」，因修習這些禪定會獲得一些快樂，且這些快樂覺受繫執了心而成了煩惱；這些覺受禪定因此又稱為「無記禪定」。

第二章

[1] 此經於《菩提道次第廣論》的譯名為《勇授問經》。

[2] 此處譯文不確定是否源自《大寶積經》，找不到對等的經名翻譯。

[3] 四攝法就是「布施、愛語、利行、同事」。據《大寶積經》云：「布施者，為欲堅固菩提根本。言愛語者，為欲成就菩提萌芽。言利行者，為欲開發菩提妙花。言同事者，為欲成熟菩提勝果。菩薩摩訶薩為欲修行大菩提故，以如是等四攝之法，處於長夜，攝受眾生。」

[4] 可能是指彌勒菩薩的《大乘莊嚴經論》（*The Ornament of Mahayana Sutras*）。

[5] 六種別解脫戒（pratimoksha）：佛教有七眾弟子，即優婆塞（在家男眾）、優

婆夷（在家女眾）、沙彌、沙彌尼、式叉摩尼、比丘、比丘尼。以出離輪迴為發心，經過一定的儀式，誓願受持佛所制的七眾戒而稱之。其中在家人的別解脫戒分為近事律儀與近住律儀兩類，前者包括五戒，後者則指八關齋戒，共有六種，主要是上座部或南傳佛教所重視的戒律。

[6] 兩類菩薩戒即指願菩提心和行菩提心。

[7] 續部三昧耶戒：「三昧耶戒」本意為「不可超越此法度」，亦即密乘之根本戒律，包括最基本的十四根本墮、八支粗罪、五方佛戒等，甚至是一百一十萬條的三昧耶戒。

(8) 久洽仁波切（Jokyab Rinpoche）在《智慧光》（*Light of Wisdom*）第一函的註腳中，提到這二十種過患。《勸發勝意會》（*The Sutra that Admonishes to Superior Intention*；或稱《大寶積經．發勝志樂會》〔*Adhyasayasamcodana Sutra*〕）說道：「憒鬧過失有二十種，若觀察時，能令菩薩獨處閑靜不生熱惱。彌勒，云何名為樂於憒鬧二十種過？一者不護身業；二者不護語業；三者不護意業；四者多饒貪欲；五者增長愚癡；六者耽著世話；七者離出世語；八者於非法中尊重修習；九者捨離正法；十者天魔波旬而得其便；十一者於不放逸未曾修習；十二者於放逸行常懷染著；十三者多諸覺觀；十四者損減多聞；十五者不得禪定；十六者無有智慧；十七者速疾而得非諸梵行；十八者不愛於佛；十九者不愛於法；二十者不愛於僧。彌勒，是為菩薩觀於憒鬧二十種過。」（彌勒，有二十種散亂過患。此二十為何？彌勒，其乃未能掌控自身；未能掌控自語；未能掌控自意；具有大貪欲；具有大瞋恨；具有大昏沉；世間言談所染；全離出世言談；不敬法者為伴；全然丟棄佛法；隨後遭魔所害；輕忽之人為伴；輕忽對待己身；概念思辯所制；從不學習佛法；無法成就止觀；難以持守淨行；從不隨喜佛陀；從不隨喜佛法；從不隨喜僧伽。彌勒，應知此二十，乃喜於散亂之過患。菩薩於檢視自身後，即能喜居蘭若之處，絕不全然失離其心。）

[9] 同於漢譯之《佛說摩訶衍寶嚴經》，一名《大迦葉品》，晉代譯，失三藏名。

[10] 迦葉波（或稱為大迦葉、迦葉、迦攝波），為佛陀十大弟子之首，古印度摩揭陀國王舍城人。少欲知足，常修苦行，故稱為「頭陀第一」。

[11] 可能出自《七寶藏》，但是無法對應。

第三章

[1] 金剛乘的修持有「近修四支」，「近」（趨近）是其中的第一支。見〈三勝法總論〉，頁60。

(2) 這是一般以四部續法為分類的架構。事續（又稱「作續」，Kriyā Tantra）、行續（Charyā Tantra）、瑜伽續（Yoga Tantra）、無上瑜伽續（Anuttara Yoga Tantra）。

[3] 此處說明為金剛乘經典，因此應該不是《集經論》，但也不確定是否為《密集續》；下一段的《密集後續》亦不確定。

[4] 依照波卡仁波切的說明，度母自己的淨土是個特定的地方，稱為「藍綠葉之祥和地」（Harmony of Turquoise Leaves），藏文羅馬轉寫為 g.yu lo bkod pa'i zhing khams。

[5] 請見〈導論〉注(3)；由原先掌心朝上的勝施印轉為掌心朝下即是。

[6] 安多地處西藏北部，唐古喇山脈南北兩側。

(7) 讓心明瞭萬法皆空的咒語，了知無論是實際上或心所造皆為空。

[8] 金剛薩埵（Vajrasattva）：體現所有五佛部的報身佛，也是淨罪修持的根源。

[9] 烏巴拉花（utpala）：為綠度母左手所持之花，或稱「青蓮華」、「優缽羅華」；而白度母所持則為白蓮華（padma）。丁福保《佛學大辭典》對青蓮華解釋如下：「梵語『優缽羅』，青色之蓮花也。其葉修廣，清白分明，有大人眼目之相，故取以譬佛之眼。《法華．妙音品》曰：『目廣大青蓮華葉。』《維摩經．佛國品》曰：『目淨修廣如青蓮。』……」

(10) 阿帝仁波切解釋，「橫向」（sideways）意指從度母前方向背後寫去。

[11] 通常我們說有八位救難度母，分別救助眾生免於獅難、象難、火難、蛇難、賊難、獄難、水難、魔難等。

[12] 此處若有圖片較能理解，單看英文無法確定是兩個重疊的四方形或八角的星型。

(13) 「you are similarly crowned to be a Buddha」，意思是你進入佛的層次。

[14] 勝樂金剛（Chakrasamvara）是噶舉派無上瑜伽部的本尊之首。形相有一面二臂與多面多臂等數種，其中又以四面十二臂為主，與金剛亥母現雙運相。

[15] 瑪哈嘎拉（Mahakala）又稱「大黑天」，據說是大日如來降服惡魔時所現的忿怒相，是眾護法神之首，通常有二臂、四臂或六臂的造型。

[16] 佛陀的十二行誼：（一）兜率說法；（二）乘象入胎；（三）樹下降生；（四）太子習藝；（五）宮中娛樂；（六）遊觀四門；（七）削髮出家；（八）林中苦行；（九）降伏群魔；（十）證菩提覺；（十一）廣轉法輪；（十二）雙林入滅。

[17] 共成就之四事業的異熟：意指精熟或成熟了四種事業（息災、增益、懷愛、誅伏）的共同成就。

[18] 大手印的十大成就應是指下列十種自在：（一）於壽得自在；（二）於心得自在；（三）於資財得自在；（四）於業得自在；（五）於生處得自在；（六）於欣樂得自在；（七）於願求得自在；（八）於神通得自在；（九）於智慧得自在；

（十）於法得自在。

[19] 意思是每天第一座的咒數都相同，例如七百次；每天第二座的咒數也相同，例如三百次，但是這兩座的咒數可以不同。

[20] 大威德金剛（Yamantaka）又稱「怖畏金剛」、「閻魔敵」等，是無上瑜伽部父續的主要本尊之一，為文殊菩薩的忿怒相。

第四章

[1] 本處四個瑜伽其藏文原文大概是 dang po（第一瑜伽或起始瑜伽）、rjes su（隨後瑜伽）、shin tu（超勝瑜伽）、大瑜伽。

[2] 此處左、右手與英文本有異，因英文本應有誤植之嫌。有關此處觀想，請和傳法上師確認，此處僅供參考，不宜就此自修。

[3] 依據波卡仁波切的解釋，度母的右手結勝施印，顯示她賜予共通成就（神通力）和殊勝成就（證得自心本性）；左手結皈依印（或稱「三寶印」），拇指與無名指相觸，象徵方便與智慧的結合；另外三指豎立，代表執持和總攝佛、法、僧三寶。此外，也有文獻表示度母左手為施救印。

[4] 《佛說造像量度經》中提到：「一切受用五欲祕密相者（亦謂之報身相）則寶髻作五股……五部等報身佛相，以八件寶飾為莊嚴。何者為八件？一寶冠，即五佛冠也；二耳環；三項圈；四大瓔珞；五手釧，及手鐲；六腳鐲；七珍珠絡腋；八寶帶也，謂之大飾。耳垂上前臨優波羅華；冠左右下垂寶帶；腳鐲上圍繞碎鈴戒指等，謂之小飾。隨宜妙繒，雲肩飄繡為上衣，雜色長短重裙為下裳。」

(5) 蔣貢．康楚在《智慧光》（*Light of Wisdom*）第二函中說明道，此「三境地」意指你視自身為凡俗的固著執取，圓滿轉換為本尊的身相。也就是說，首先，圓滿的「尊身明顯」意指你在心境中所修持的特定本尊，你對其身相、法器、嚴飾、衣裝等的感知，猶如鏡中影像般精確且分明。其次，由於你竭盡所能地修練自心，這力量使得本尊所持的手印實際顯現於感官境中，就好像在你眼前那般，而非只是想像。第三，藉由修心而全然轉化身體，因此身體達到柔順，其徵示便是本尊實質地顯現在身境中（所以他人可見）。「四明顯量」為清晰、鮮活、動感、生動；「四穩固量」為不動、不變、絕對不可變異、可幻變一切。

[6] 《蓮師淨土雲遊記》提到，修行未達到如量境界之前，應一直不懈地觀修，直至最後出現「明顯量」，即所觀本尊明然、徹然、了然、豁然。如果出現所觀本尊不動搖，即以任何方式都無法使其發生變化；極其不變異，即何者

亦無法使之動搖；一切不改，即無有絲毫些微變化及動盪；可幻變出一切等四種徵相時，即表明已到達所謂的「穩固量」之境界。「明顯量」、「穩固量」共有這八個徵相，在未至究竟境界之前，當一直努力不懈地修持。

(7) 直接從你的上師處，領受這些有關脈與風息等氣脈（tsalung）修持的實際細節教導，是很重要的。

(8) 這些有關第三灌頂的教導極為祕密，也只限於從上師處受過合適灌頂和開示的修行者才能受教。學生需要專精於各種能引導他達到此處的瑜伽修練，並在實際受納印侶之前完成那些修練。儘管這些教導具有魅力且引人興致，我們仍無法在此公開出版相關內容，乃因其祕密性和我們上師對此的限制。然而，我們鼓勵真誠的修行者能與具有這些開示的傳承和願意教導此種修行者的上師聯繫，當你請法時請參考這些口授的開示。相當令人感到興趣的是，有關女性的特定瑜伽修練之文本十分稀少，且難以尋獲。幾乎所有的開示都是以男性觀點來談的。

(9) 再次，我們無法揭露有關「那洛六法」中「拙火」修持的這些特定教導。

[10] 可能是說第四灌頂義離於前三者。

[11] 「kusulu」可指稱一般的禪修者，是相對於飽學經論者而言，為作者自謙之意。

附錄一

[1] 依據第二世波卡仁波切的開示，觀音菩薩最初於「大劫」以八十萬偈頌宣說度母續，第二次於「中劫」以六十萬偈頌宣說，第三次則於「成劫」以一萬二千偈頌宣說。最後一次是在「壞劫」、釋迦牟尼佛出世之前，以一千偈頌宣說。

附錄二

[1] 以下二十位度母名號為英文直譯，括弧中者為古譯，若相同則無括弧。第二十一位應為主尊綠度母。

課程與閉關的相關網址

祖古・烏金仁波切傳承法教之相關課程、紀錄、出版等，請上網查詢：

謝竹生起曼達（Shedrub Development Mandala）
http://www.shedrub.org

美國的讓炯・耶喜道場（Rangjung Yeshe Gomd, USA）
http://www.gomdeusa.org

丹麥的讓炯・耶喜道場（Rangjung Yeshe Gomd, Denmark）
http://www.gomde.dk

讓炯・耶喜出版社（Rangjung Yeshe Publications）
http://www.rangjung.com

BA1015R

綠度母寶藏

伏藏大師秋吉・林巴之度母心要與修持

Skillful Grace: Tara Practice for Our Times

總　　論 祖古・烏金（Tulku Urgyen）仁波切
釋　　義 楚喜・阿帝（Trlshik Adeu）仁波切
英　　譯 艾瑞克・貝瑪・昆桑（Erik Pema Kunsang）
中　　譯 楊書婷
責任編輯 于芝峰
執行編輯 釋見澈、曾惠君
封面設計 黃聖文
版面構成 舞陽美術　張祐誠

發 行 人 蘇拾平
總 編 輯 于芝峰
副總編輯 田哲榮
業務發行 王綬晨、邱紹溢、劉文雅
行銷企劃 陳詩婷

出　　版 橡實文化 ACORN Publishing
地址：231030新北市新店區北新路三段207-3號5樓
電話：（02）8913-1005　傳真：（02）8913-1056
E-mail信箱：acorn@andbooks.com.tw
網址：www.acornbooks.com.tw

發　　行 大雁出版基地
地址：231030新北市新店區北新路三段207-3號5樓
電話：（02）8913-1005　傳真：（02）8913-1056
讀者服務信箱：andbooks@andbooks.com.tw
劃撥帳號：19983379　戶名：大雁文化事業股份有限公司

印　　刷 中原造像股份有限公司
二版一刷 2022年8月
二版二刷 2024年5月
定　　價 350元
ISBN978-626-7085-37-0

國家圖書館出版品預行編目 (CIP) 資料

綠度母寶藏：伏藏大師秋吉．林巴之度母心要與修持 / 秋吉．林巴 (Chokgyur Lingpa) 仁波切本論 ; 祖古．烏金 (Tulku Urgyen) 仁波切總論 ; 楚喜．阿帝 (Trülshik Adeu) 仁波切釋意 ; 艾瑞克．貝瑪．昆桑 (Erik Pema Kunsang) 英譯 ; 楊書婷中譯．-- 二版．–
臺北市：橡實文化出版；大雁出版基地發行 , 2022.08
192 面 ; 17X22 公分
譯自 : Skillful Grace : Tara practice for our times
ISBN 978-626-7085-37-0(平裝)
1.CST: 度母 (Tara) 2.CST: 藏傳佛教 3.CST: 佛教修持

226.965 111010900